死体が教えてくれたこと

那些屍體教我的事

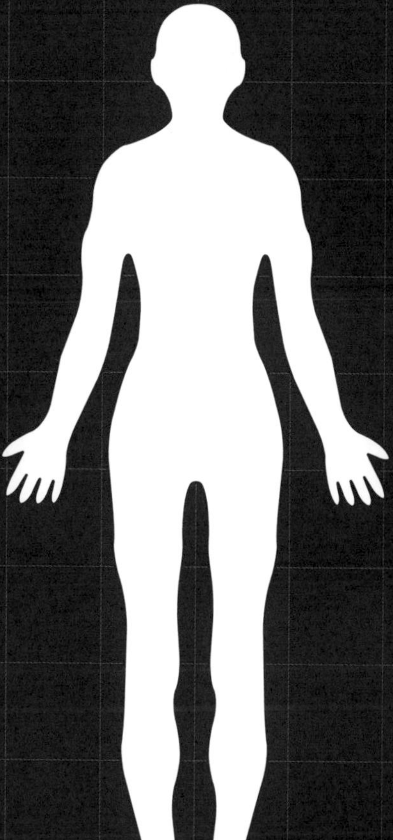

前東京都監察醫務院院長
上野正彥／著

王韶瑜／譯

八方出版

目錄

第2章

為什麼我會當上法醫

第3章

我和2萬具屍體對談

第4章

人會步入死亡

第5章

獻給活出未來年輕的你們

前言

4月春，日本列島繁櫻盛開。蔚藍天空下綻放淡粉紅色的櫻花，實在是美不勝收。我將眼前這幅光景視為理所當然地度過年少時期。不過今年我已經89歲，開始覺得一年一次的景色嬌美可愛。

這幅美景，我還能再欣賞幾年呢？

以往我從未想過這種事，只是每日過著忙碌不休的日子，活到現在，我誠摯地對今年還能有幸欣賞到櫻花感激不已。

在這89年間，一路上歷經了風風雨雨。我與形形色色的人相逢、也面對了許多生離死別。就親人而言，我已經送走了祖父母、父母、72歲撒手人寰的妻子，以及幾年前過世的女兒……。親戚、恩師、朋友、工作夥伴，要數還真是多到數不清。

況且因為我從事法醫這份工作的關係，送走了多達2萬具的遺體。當中有1萬

5千人要驗屍，5千人要調查死因而執行了解剖。

我進入東京都監察醫務院，並且開始從事法醫的工作是在昭和34年（1959年）31歲的時候。現在以犯罪為主題的電視劇中使用「法醫」一詞，已經成了家喻戶曉的用詞，但是在當時的日本，還是一個無人知曉的職業。

當我一說：「我是醫生」，就會被問及：「您是哪科醫生呢？」

每當我回答：「法醫學」的時候，對方就會回以詫異的表情回問我：「是看方位＊的醫生嗎？」

聽起來雖然像是玩笑話，但在那個時候真的是這種感覺。

在我回答「我是法醫」之後，對方就越來越糊塗了。

＊日文法醫的諧音。

我開始進一步說明後，對方就會突然開始產生興趣，認為這是一份很棒的工作。

對方再次問我：「那麼法醫是警察的醫生嗎？」

「不，我是東京都的地方公務員」。一旦我如此回答，對方又開始糊塗了。

法醫，並非是替活人看病，而是診斷死者的醫生。相信大家應該對此感到不可思議吧。然而如果沒有像我這樣的人存在，國家的「法規」就不會被遵守。

大家應該都聽過壽命這個詞。人的壽命走到終點時，就會失去性命。正如同這番話，壽終正寢應該是最幸福的一件事。然而，也有可能因為生病或意外等因素而死亡。在這些死亡當中，如果有被認為死因是可疑的，就是像我這樣的法醫上陣的時候了。其中，也有許多被捲入犯罪的遺體。

法醫的工作，是在遺體被搬運過來後，首先要驗屍找出死因。倘若發現有可疑之處，就會解剖挖出真相。如果是因犯罪行為被害而死亡，我們的「人權」將受到保護，以保「法令」的秩序正確無誤。換句話說，如果是被殺的情況，就會有犯人，為了將犯人繩之以法，法醫會提供警方醫學上的協助。

在日本，法醫需要擁有醫師的執照*。學習醫學的學生們一旦考上國考，就會開始思索自己未來要走的是內科、外科、小兒科、耳鼻喉科、還是婦產科……的道路。在陷入一陣迷惘之後，我決定要成為一名法醫。理由將於稍後細述，我是受到居住在北海道的無醫村，醫治病患的父親深遠的影響。

我父親是一個不向貧困患者收取醫療費用的人。時常把「醫生不是生意人」這句話掛在嘴邊。

*台灣《法醫師法》規定法醫須有國家考試證照，不要求應具備醫師資格。

即便是在半夜，只要有病患敲玄關的門，我父親就會替他開門，甚至還去病患的家出診。以前日本著名導演黑澤明拍攝了一部叫做「紅鬍子」的電影。這是一個免費幫助貧苦境遇人們的醫生的故事，我父親就如同這名紅鬍子醫生。

在我當上法醫沒多久，正在解剖的同時，突然有一瞬間感覺好像正在與死者交談的念頭。因為我感受到那名死者正在傳達他的遺憾。

「請你明白，我不是意外死亡的」。我感覺到他好像如此告訴我。基於這股念頭，我努力不懈地想為死者討回公道。死者雖然不會說話，但是屍體會事實勝於雄辯。

每一個死亡，都會留下尚未說完的話，都曾有過一個重要的人生。

我在監察醫務院工作了約30年，在60歲時退休，已不再執刀。就在那時候，我撰寫了一本書《聽聽屍體怎麼說》（1989年出版），拜許多人閱讀這本書所賜，使法醫成為眾所周知的存在，其後也收到來自日本全國的律師和刑警再次鑑定的邀請，成為與事件有關被請教的立場。視情況需要，我也會出庭作證。就連在電視上針對事件發表評論的機會也增加了。

原本我想悠閒度過餘生，卻沒料到現在即將90歲的自己變得更為忙碌了。從60歲開始開啟了第二個人生，我現在還像30歲一樣生龍活虎。一旦持續面對死亡，自然而然就會開始思索活著的意義。人究竟是為了什麼而生，又該如何活下去才好？如果我一路走來的經歷，能對10幾歲的你們有些幫助，我將感到很欣慰。

第 1 章

我的工作是法醫

因事件或意外導致身故的死者到被埋葬為止

在東京都文京區，設有東京都監察醫務院。我從30歲開始一直在這個單位工作到60歲。雖然我每天都從家裡通勤帶便當去上班，然而也有許多值夜班的日子。在我即將退休之際，總計有10名專任法醫以及約50名特約法醫在此工作，365天全年無休。

全年無休的原因，在於死因不詳的死亡事件就像每天在發生一樣上演著。法醫一天需檢驗約20具屍體，以檢視屍體的狀態。其中會有5～6具死因不詳的屍體，法醫就會執行「解剖」的工作。現在案件增加更多了，光是驗屍一天就有30～50件，其中又有3分之1的案件必須進行解剖。

還有就是每逢日本的盂蘭盆節*或是年底過年等長假的時候，醫院和開業醫師都會休息，在這段期間過世的人很多，因此必須做死因診斷。當時的忙碌與現在是一樣的。

相較於以往，現今人口的增加，抑或是社會變遷的關係，可以說令人厭惡的犯罪事件、事故和自殺等層出不窮地發生著。

法醫的職責，就是要面對這類死者，釐清死因，發掘真相。

人類死亡，究竟是怎麼一回事？對什麼樣的人而言，死亡都是一件很可怕的事。

由於至今尚未有人能夠死而復生，大家對死亡一無所知，因此就感到更加害怕。

即便如此，我可以從醫學角度為各位說明。人一旦死亡，呼吸就會停止。因為年老而壽終正寢算是相當幸運，大致上不外乎是病死或非自然死亡居多，約85%是病死。如果是病逝，就會由負責看診的醫師開立死亡證明書。

*類似台灣中元節。

然而就算是在醫院或養老院等地方過世，只要察覺到有異狀或可疑點，就會透過警方聯絡法醫驗屍。如果驗屍後依舊無法釐清死因，法醫就會執行解剖。

所謂的非自然死亡，各位或許會對這個死法心生疑問。非自然死亡的定義是原本是一個健康的人，卻因為遭逢事故、天災、火災、中毒死或溺水身亡，以及令人感到厭惡的他殺等因外力因素突然死亡的狀態。自殺也屬於非自然死亡。

無論如何，只要是非自然死亡的情況，一般醫生無法開立死亡證明書，會由警方聯絡法醫。我的工作就是這樣。

一旦接受了委託，法醫就會連同副手和司機共3人立刻前往現場。在我擔任法醫的時候，也是乘坐驗屍車趕往現場的。在車子裡面，我總是希望現場不是淒慘的狀況。尤其在當我被告知是年幼的孩子過世時，心情特別沮喪，然而我總是告訴自己要沉得住氣，畢竟這是我的工作，一定要冷靜判斷才行。

驗屍現場的狀況，真的是什麼樣子都有。

有些是在家中，或是在外面的現場，實在是慘不忍睹。如果有死者的家屬或相關人士在場，因為明白大家已經感到相當焦慮不安了，法醫更必須秉持客觀的立場。

驗屍結束後，法醫會開立「死亡診斷證明」。舉從東京都電車上跌落下來的事件為例（請參閱第26頁），如果發現不應該有的傷口（擦傷）等可疑的情況，就會在醫務院進行解剖，做更仔細的調查。

再者，在很明顯是事件的現場，就像各位在刑事連續劇中看過的場景一樣，警方會四處採集物證，鑑識人員會使用鋁粉採取指紋以及拍攝大量的照片。法醫就在這個過程中執行驗屍確認死因，再進行解剖。

雖說是解剖，或許還是會讓人摸不著頭緒，各位可以想像一下，解剖與在醫療劇中出現的手術畫面幾乎沒有分別。唯一不同的，是躺在手術台上的人是活人，還是死人。

解剖分成「行政解剖」與「司法解剖」2大種類，涉及到犯罪就屬於「司法解剖」。這時候就必須由名為檢察官的法律專家指揮「司法解剖」，探究死因。透過解剖可以推定死亡時間、死亡方式等諸多線索以及發掘死亡原因，為警方的搜查貢獻己力。

警方追查真相，法醫則是努力不懈地調查，提供警方醫學上的協助。警方和法醫是並肩作戰的隊友。如果沒有雙方攜手合作，就有可能錯失緝凶良機，無法追究的真相將被埋藏於深淵。

如此一來，社會的規範將面臨崩壞瓦解，也就是說要透過團隊合作維持社會秩序。我始終秉持著這份心意工作。無論發生了什麼事，都必須好好重視保護人的生命與人權，而且絕對不能讓殺人犯逍遙法外。

法醫制度並不是日本全國制度

或許有許多人是第一次聽說在日本設有「監察醫制度（法醫制度）」。這是在你們出生很久以前的昭和22年（1947年）所制定的制度。總共在東京、橫濱、名古屋、大阪、京都、神戶、福岡7個城市設有監察醫務院。當初率先制定監察醫制度的是GHQ（盟軍最高司令官總司令部）。各位只要讀過與戰爭歷史有關的書籍，應該都看過GHQ這個名稱。

昭和20年（1945年），日本於第二次世界大戰敗給以美國起首的聯合國軍。戰後，GHQ在日本著手調查東京都內人民的死亡原因。調查結果發現餓死的人數多到讓GHQ大感吃驚。當時的GHQ總司令麥克阿瑟將軍，或許各位對這號人物並不陌生，被叫到美國總統面前。杜魯門總統用宏亮的嗓門指示麥克阿瑟將軍：「佔領日本領土的策略讓國民餓死，很糟糕，要想辦法解決」。

GHQ立即從美國本土調度了玉米、豌豆、脫脂奶粉等物資給日本。從第二次世界大戰中到戰後，所有的日本人都處於極度飢餓的狀態，幾乎沒有食物可吃。只能蒸雜草來吃。

戰爭結束那年，我16歲。

GHQ到底是如何暗中檢驗人的屍體，在當時造成問題。當時的我還是個學生，居住在上野，我是看到上野車站的地下道的景象而知的。四處遍布了骨瘦如柴爬滿蝨子的屍體，是一幅令人毛骨悚然又悲傷的景象。

在現場有身穿白袍的醫生，正在執行所謂的驗屍工作。但是他們並不是靠近屍體親自檢視，反而是從有點距離的地方大聲吆喝指示著警方。

「把衣服脫掉！」

「怎麼瘦成皮包骨，這是營養不良！」

「下一個！」

醫生邊說邊開立死亡證明。這幅景象看在我眼裡，心中不禁燃起熊熊的怒火。這種做法簡直跟處理東西沒什麼兩樣！我絲毫無法感受到任何尊敬死者的心情。

據說只要有非自然死亡的屍體，就會全數執行解剖的GHQ，對於日本如此草率的驗屍行為深感訝異。可見當時的日本是多麼地落後。日本全國各地的衛生狀態也很差，當然也沒有在現在被視為理所當然的沖水馬桶。生在物質豐饒便利的現代日本社會的你們，應該很難想像吧。如果有機會，希望各位可以看看反映出這個時期的日本的照片和紀錄片。

基於上述結果，日本得以導入驗屍及解剖的「監察醫制度」。此時的解剖結果發現，幾乎所有死者都不是死於營養不良，而是因為感染了肺結核而死。由於空腹飢餓，肚子裡一點食物都沒有，因此對抗疾病的體力和免疫力逐漸走下坡。侵入人體內的結核病病原菌會不斷地侵蝕人體。

探尋死因，就是與屍體對話

之後，我選擇踏上與我父親一樣的醫學之路，成為一名診斷往生者的法醫，而不是替活人病患看病的醫生。

至今，我仍對進入監察醫務院後第一次解剖當天的事情記憶猶新。學生時代我進入東邦醫科大學醫學系（現為東邦大學醫學系）學醫，但是由於這所學校沒有法醫學教室，因此我畢業後又進入設有法醫學教室的日本大學醫學系研究室讀了4年法醫學的基礎知識，取得醫學博士的學位。在這裡我們都是使用小動物做實驗和解剖，但是動物實驗與真正的人體解剖是截然不同的。後來我當上了實踐法醫學的東京都法醫。

一穿上白色的解剖衣，戴上橡膠手套站在解剖台前，我就會緊張到渾身僵硬。外科醫生第一次進行活人開腔手術時，想必也是這種心情吧。由於當時我還是個菜鳥法醫，也對自己的技術深感不安。但是我心中期盼著自己絕對不能誤判死因。與診斷活人相似之處，就是要用心與細心。從擔任法醫開始，我總是對自己這麼說。

當時，在監察醫務院的解剖室中有5個解剖台。當天的值班法醫們會輪番執刀上陣。由於相當繁忙，大家分別在各自負責的解剖台上同時執行解剖工作，是稀鬆平常的事。

環繞解剖台的有法醫、醫務院職員、助理1名、副手2名，以及見證的警方。

全程使用解剖攝影機拍攝。現在雖然可以使用智慧型手機拍攝影片，但是在當時根本無法想像有如此方便的工具出現的年代，使用的是又大又笨重的攝影機。

拍攝影片的首要目的，就是要正確地留下紀錄。萬一有事件的可能性，就會成為日後極為重要的審判證據。

解剖前，我會先雙手合十才開始。我與這些未曾謀面、未曾交談過的人之死，究竟有什麼樣的緣分呢？一直以來，我都是這樣會同處理解剖手術的。

鴉雀無聲的解剖室陸陸續續恢復喧囂，大家各自完成了自己的任務工作。大致上解剖工作約40～50分鐘結束，仔細縫合好遺體後，將遺體歸還家屬。在這種情況下，我也是一直留意要把遺體縫合得漂亮一點，因為最先看到遺體回家的容貌的，就是家屬。

這些遺體當中也有無依無靠的人，這時候我們就會與東京都戶政事務所的職員合作，把他們安葬在無繼承者、無人祭祀的無緣墓。

要拿到死亡診斷證明，還需要再3個禮拜左右的時間。屍檢技師們會從取出的內臟製作組織標本。進入血液、尿以及胃部等等的東西，會送到檢查室做化學檢查分析，這些工作都相當耗時。我們法醫就會用顯微鏡仔細觀察很快就送到手的標本，避免遺漏任何蛛絲馬跡。之後，再彙整所有化學檢查結果，做出最後的研判。

「啊，原來是肺炎。」

「果然是死於癌症啊！」等等，

我一邊思索，一邊寫死亡證明，記錄解剖過程中的所見所聞。只不過，我也曾經有過因為難以研判，被逼得走投無路，不斷思索到深夜的經驗。如果研判錯誤，責任重大。窗外籠罩著昏暗的都會景色，心情顯得格外地孤獨。

會讓人覺得厭惡的，就是依據化學數據顯示出含有如氰化鉀的有毒成分。在已經完成解剖的時候，看到死者的胃呈現紅黑色，即便知道死者喝了氰化氫，畢竟不是一件令人感到舒服的事。到底是自殺？還是他殺？如果是他殺的話，就有可能涉及詐領壽險金等帶有事件性味道的案件。

現在已經不易取得具有劇毒性的氰化氫等劇藥，然而昔日的日本在管理上卻極為鬆散。比方說在電鍍工廠等地方所使用的氰化氫隨處亂放，當時在日本推理小說大師松本清張的作品當中，使用氰化氫的情節頻頻登場，就不難理解了。

像這樣檢驗出劇毒物質的時候，我會馬上聯絡警方。

「喂，我是上野。」

「醫生，這是一起事件對吧。」

刑警這樣回答。為了探尋被隱藏住的真相，法醫和警方開始攜手合作。在我還沒退休的時候，化學分析也是在醫務院進行，在警察廳*的科學搜查研究所也會做毒物檢查。聽說有許多涉及這個科學搜查研究（簡稱科搜研）的電視劇，深受觀眾喜愛。

*類似台灣警政署。

與死者對話的日子

自從成為法醫之後，我幾乎每天都在解剖現場。大概是過了3年後，突然有一種現在我好像正在與死者對話的感覺油然而生。雖然我無法好好說明理由，但我就是那麼感覺到的。

某個事件的時候也是這樣。閱讀仍殘存著印刷油墨味道的報紙，是我每天的享受。尤其我絕不會錯過社會版新聞。

那天早上，我讀到一則「摔落都電*鐵軌身亡」的報導。這則報導的內容是一名上了年紀的工人，為了上大夜班，出門到附近的商店買宵夜。隨後這位伯伯擠上滿載乘客的都電，就在駛入車站停車時，背對著他的車門突然打開，他就以抱著購物袋的姿勢往後跌落到地面。可能是撞到了致命的地方，當場喪命。

我一到醫務院上班，這起報紙報導的案件就在驗屍的受理盒內，於是我就起身前往驗屍。

這位伯伯究竟是在什麼樣的狀況致命的呢？在審慎勘驗屍體之後，我發現依照現場的屍體外觀以及呈現的狀態，總覺得好像哪裡不對勁。到底是怎麼一回事呢？就在我百思不解的時候，這位伯伯向我傾訴：

「醫生，報紙的報導是不對的。」

當然，屍體不可能說話。但是我聽到這位伯伯心中的吶喊了。

「我明白，我會把犯人逮捕歸案的。」

我在心中回答。

「雖然需要2～3天的時間，請您安心。」

這位伯伯在老街的工廠工作，看起來像是個老實人。

＊東京都交通局經營的路面電車系統，簡稱都電。

他臉上有輪胎形狀的擦傷，解開了謎團。於是我決定立刻執行行政解剖。解剖結果得知，他是從電車摔落的瞬間，頭剛好落在從後方駛來的轎車的右後輪前面。從電車上摔落的伯伯與車子擦撞，躺在水泥地面與輪胎之間呈現被擠壓的形狀。由於遭受重擊的力道太大，造成頭蓋骨骨折，因此得以判斷他是當場命喪黃泉。

我立即聯繫警方，這起意外變成肇逃事件。3天後，犯人被逮捕歸案，火速結案。不知這位伯伯是否有家屬，還是獨居。因為他是外出買宵夜，或許他是形單影隻也說不定。

自己的人生突然落幕，還是因事故身亡，想必相當懊悔不已吧。如果在現場驗屍的人不認為有可疑之處，就很有可能會被當作單純的摔死事故處理。法醫必須隨時設身處地為死者著想。

屍體不是物體，是活生生的。

聆聽無聲的死者的聲音，就是法醫的工作。

不求名聲

小時候，我是一個很愛思索「為什麼會變成那樣？」的孩子。對於教科書上所寫的內容，不是「啊～是這樣啊」，而是「為什麼呢？真是不可思議啊！」和「事實果真是如此嗎？」的反應。而且我很喜歡天馬行空的幻想。也許這些都是受我父親的教育影響。我父親在我還小的時候，時常對我說道：「用自己的眼睛詳加察看，用自己的頭腦加以思考」。

長大成人開始投入這份工作之後，我得知警方有一個叫做「8大法則」的搜查方法。這和我父親所說過的話，如出一轍。

何時
在哪裡
是誰
和誰
理由
對象
用什麼方法
怎麼做的

時間
地點
犯人
共犯
動機
被害者
方法
結果

警方會使用這個法則逐一解開包圍著事件的謎團。就連我上任法醫開始，也是使用這個法則思索的。這個傷，為什麼會在這裡？這道傷口，是不是很怪異呢？還有為什麼會骨折成這樣……等等。

日本童話故事，多半是以這種想法寫的。舉家喻戶曉的《桃太郎》等故事為例，都符合這種書寫方式，更容易讓人理解。

「很久以前，在某個地方居住了一對老夫婦。老爺爺上山割草，老婆婆去河邊洗衣服……。從河川上游處緩緩地飄來一顆巨大的桃子。」桃太郎的故事就此展開。

我認為這個法則對你們一定也派得上用場。在對年幼的小朋友說明事情時，如果能採用這個法則，小朋友會因為容易理解而感到開心。在整理暑假作業的研究，或是在未來出社會寫報告、發表的時候，都能幫助你寫出淺顯易懂的內容，必能助你一臂之力。

如果平常思考事情，都被先入為主的既有成見和概念束縛住，就會看不清事實真相，也就不會萌生出新的想法與發現。這些都是我在工作的同時，一點一滴學到的。

我在發現「錐體出血」時，也是從「為什麼？」開始。各位可能有點難以理解，所謂的錐體＊，位於耳朵深處的顱骨之中，是環繞著中耳和內耳的骨頭。我在調查游泳溺水案件的時候，發現了在這個錐體上的出血。我在學會上發表這份論文後不僅獲得了學會的承認，更榮獲全世界的肯定。這個發現並未刊登在以前的法醫學教科書中。

這個研究的契機，是在昭和43年（1968年）發生的一起溺水事件。某所中學的游泳選手在游泳練習中溺斃。據說是抵達現場驗屍的校醫說的。

「他是溺水死掉的！」

出口反駁的是死者的同學們。

「醫生，他是游泳選手，是游泳健將。照理說不可能會溺死！」

於是，醫生回嘴說道：「他是在溺水時，造成心臟麻痺！」

所有人聽到心臟麻痺之後，全都啞口無言了。心臟麻痺這個詞相當具有說服力，為社會大眾所理解。

但是，我卻滿腹疑問。

不會游泳的人溺水，是可以理解的。可是身為一個游泳健將的人有可能在腳能觸及泳池底部高度的泳池內溺斃嗎？只要是突然死亡，就全部推給心臟麻痺，會不會太敷衍了？死掉的人，無論是誰心臟都是麻痺的。基於這種想法，促使我開始研究溺死。

在解開溺水身亡的人體之謎的過程中，我偶然發現的是耳朵的出血現象。我解剖打開頭蓋骨取出腦後，看得見在頭蓋骨底部的地方有顱底。當時我看到耳骨（岩

*岩部，因形似三角錐，故又名錐體。

部）有出血。通往耳朵深處有保持身體平衡感的三半規管，就是環繞三半規管的骨頭有出血。

咦？為什麼會出血呢？

這是我最先產生的疑問。身穿白袍的我，雙手交叉思索了一陣子。我能想到的，應該是因為出血導致三半規管失去作用所致。

鼓膜內有一條叫做耳咽管的細細的管子。搭火車突然穿越隧道時，耳朵會產生難以忍受的脹痛感。相信你們都曾有過在這個時候，只要吞嚥口水就能改善的經驗。吞嚥口水讓空氣進入耳咽管，就能使凹陷的鼓膜恢復原狀。

可是如果不是空氣，而是水進入耳朵裡的話，又會是什麼情況呢？喝下大口的水，或從鼻子吸入水的話，水就會形成栓子塞住耳咽管這條管子。這個時候，如果進行呼吸運動和吞嚥運動，在耳咽管內形成的水塞就會快速動作，致使耳咽管深處的壓力異常，岩部發生出血現象，導致三半規管的功能失調，失去平衡感。

也就是說如果變成這樣的情況，即便像死者一樣是游泳選手的人，也有可能在照理說不應該會發生溺水的學校泳池內溺斃。

人要吃蛋糕的時候會看看蛋糕的樣子，卻沒有人會猛盯著蛋糕盒看。我反而連蛋糕盒都會仔細察看，看看這個盒子是什麼東西？到底發生了什麼事？換句話說，我會觀察裝著腦的頭蓋骨。

對於原本前途無量的游泳選手的男學生之死，同學們雖然異口同聲地說「他不可能溺死」，不知道這些同學們是否已經理解，他其實並不是死於心臟痲痺，而是因為岩部出血失去平衡感而溺死的理論。

無論結果如何，在我發表了這項研究的時候，基於是全球性的發現，有些人認為可以命名為「上野的出血」。不過，我並不需要這種東西。與其獲得名聲，或者名留後世，我還是維持錐體這塊骨頭的名稱不變，將之命名為「錐體出血」。這比「上野的出血」的表現更直接、更好。

從事醫學的人員聽到錐體，馬上就會知道「就是那塊骨頭」。診斷死者的醫生們只要個別對「錐體出血」有認知就好。

漫畫英雄的鑑定

每當我在說明法醫學是什麼，以及法醫是從事什麼樣工作的人時，我會舉一個淺顯易懂又有趣的例子，那就是日本家喻戶曉的《弁慶立往生》。這是一個日本古早的傳說，後來還改編成歌舞伎的名作《勸進帳》。

這是在鎌倉時代，名將源義經與一個叫武藏坊弁慶的忠臣武僧的故事。由於有出兒童版的故事書，所以很多人可能已經讀過了。與兄長源賴朝對立的義經，逃奔到奧州（現東北）的平泉，卻在衣川這個地方陷入重圍。極欲保護義經的弁慶努力不懈地抗戰，後來在衣川橋畔捨身護主，最終身中萬箭站立而死。

這是眾所皆知的熟悉場景，弁慶中箭後不但沒有倒下，而是以挺直站立的姿勢瞪大雙眼。故事中要塑造英勇人物的形象，但看在法醫學的眼裡，這是死後僵硬的狀態。

一般而言，人死後，神經就會麻痺，肌肉鬆弛全身癱軟，大約經過2小時後，身體就會發生化學變化，肌肉慢慢僵硬，關節逐漸固定不動，這就是所謂的死後僵硬的狀態。再經過20小時後，就會呈現更僵硬的狀態。

那麼，弁慶為什麼在中箭後，馬上變成僵硬的狀態呢？我們就把它想成是與運動中突然死亡是一樣的道理。肌肉若處在非常疲勞的狀態，就會大量產生像這樣的化學物質，引起快速又強烈的反應，死亡就會迅速僵硬，專業術語稱之為強硬性僵直。

弁慶應該是為了護主持續不斷地抗戰，使得身體處於一個極為疲勞的狀態。

還有一個是最近發生的趣事。

不知道你們是否知道一部叫做《小拳王（明日之丈）》的漫畫作品。你們這一代或許並不清楚，但是你們的父親和叔叔們應該都耳熟能詳。這是一部由漫畫家千葉徹彌所繪，描寫一個拳擊手的故事的人氣連載漫畫。故事主角是一個名叫小丈的英俊少年，努力爬出困境後，榮登冠軍寶座。

這部作品至今似乎仍存在著許多超狂熱的漫畫迷。在連載結束後第50周年的那年，某個出版社的編輯聯絡我，說他們想要舉辦一個「小丈的追思會」。

「我想知道在漫畫結尾的小丈，到底是已經死了還是仍然活著。」編輯說。「我也曾向醫院尋求評語，但院方表示他們並不清楚。因此我請教了千葉老師，他回答：『我自己也是因為覺得有可能會畫續集，所以決定把結局畫得撲朔迷離，讓大家對小丈是否死了摸不著頭緒。不過，我並不清楚實際在醫學上究竟是怎麼樣。』」

據說，千葉老師向編輯提議：「你要不要問上野法醫的意見看看呢？」。我雖然沒有讀完整部漫畫，但是我倒是知道在漫畫連載結尾，小丈坐在拳擊擂台角落的椅子上，垂著頭看起來似乎在微笑的經典場面。

真相到底是什麼呢？

據說，這在小拳王迷之間一直都是議論紛紛的話題，出版社至今仍收到許多小丈究竟是生還是死的詢問。這是我第一次鑑定實際上不存在的虛擬人物，我覺得很有意思。編輯伸出手指著最後一頁的畫面，我毫不猶豫回答他：「小丈還活著喔。」

「如果是心臟停止跳動死掉，就會失去意識。因為頭很重，應該會破壞坐姿整個身體跌落下來。我認為死後不可能還坐在椅子上好好的。還有因為腦神經麻痺，膀胱括約肌和尿道括約肌會鬆弛，這麼說對小拳王迷真不好意思，小丈如果死的話會漏尿喔。」

「啊！真是太好了！」編輯突然漲紅了臉說道。

「這真是個天大的好消息！我要趕快告訴千葉老師！」

編輯說完後就氣喘吁吁地打道回府了。隔天，我陸續接到友人們的電話，我還在納悶到底是為了什麼事打來時，大家都告訴我「我看到了喔」。在我更進一步問得更仔細時，原來是在Yahoo!新聞的首頁，出現了「『小拳王（明日之丈）還活著』連載開始半世紀，由法醫學者鑑定」的標題報導。據說知道真相的小拳王迷全都欣喜若狂。

由於我向來都是用鉛筆和鋼筆寫作，不是使用電腦，所以對此一無所知，但是據說已經有好幾百萬人看過這篇報導。我感覺到電腦社會的厲害的同時，竟然也出乎意料地能從法醫學的觀點，有幸為觸動人心的小丈的故事貢獻己力，真是太好了。

過去也曾有過除了法醫學外，因為意外的巧合而證明了某一起事件的內容。昭和某年，發生了一起震驚社會的擄人勒贖案。被拐走的是一個年幼的少年。警方竭盡全力搜索了2年又4個月之後，終於將犯人逮捕歸案，但是那個少年卻已經成了亡魂。

當時我在犯人聲稱棄屍地點的搜查現場，掩埋少年的土上，冒出一種名為日本女貞的植物的芽。這種植物屬於木犀科的常綠灌木，我們知道它是從種子到發芽需耗時2年的植物。雖然研判是一件絕對不該發生的事件，但是我們得以證實特定出這起偶發事件的發生時間在2年前。

關於溺斃屍體，雖然不是植物，也有靠法醫學以外如水中的微生物，也就是浮游生物破案的情況。以在河川溺斃的情況為例，水吸入氣管或肺部會無法呼吸，溺水期間，水和浮游生物會被肺部血管吸收，散佈全身。

解剖屍體時，如果浮游生物出現在肝臟或腎臟等器官，就是溺斃。相反地，如果屍體沒有出現浮游生物，即便看起來像溺水，但是血液循環已經停止了。換句話說，死者並不是玩水溺水身亡，而是生前涉及他殺可能的殺人案件。

再加上依據浮游生物的種類，差不多可以鎖定溺水的地點。這些乍看之下與醫學沒有直接關係的自然界的「東西」，成為重要的線索，幫助我們釐清真相的案例多到不計其數。這就是法醫學之所以被稱為雜學的原由。

我有一些不斷被問到的問題。

「執行解剖屍體等工作時，您不覺得噁心嗎？」

「您曾經覺得屍體很恐怖嗎？」

然後，被問得最多的就是：「解剖後，您還吃得下飯嗎？」

針對這個提問，我總是回答：「如果不解剖，我可會沒飯吃呢！」我在演講會等場合提到這段對話的時候，總是會引起哄堂大笑。

自從當上法醫以來，我從未將橫躺在我眼前的人視為死者。打從我立志從事醫學工作的那一刻起，就沒有害怕、噁心之類的感覺。

活人會撒謊，但是死人不會。活人比較可怕。

稍早我提到的「監察醫制度」，是在戰敗2年之後，成立於7大都市。只不過因為現在財政吃緊，廢除了京都、福岡、橫濱的「監察醫制度」，只剩下4個都市保有這個制度。

我對這件事本身有強烈的危機感，不能被理解，深表遺憾。在未導入監察醫制度的地區，是由日本全國醫學系大學的法醫學教室的教授們執行解剖。全數加起來約只有50人左右。這樣無法稱為法律之前，人人平等。

被視作棘手的事件，以及看似是有人撒謊隱藏真相的時候，透過法醫學者解剖破案的案例不在少數。因此，我由衷期盼在這個社會，能有更多對屍體習以為常，且有能力確實執行驗屍及解剖的法醫學者存在。

這就跟感冒找內科，受傷找外科，有眼疾就看眼科等等，看病找專科的道理相同。

只不過，在未導入監察醫制度的地區，又是在沒有法醫學教授的地方的話，就變成無論是哪一科的醫生都能開立死亡證明書。換句話說，就是人都死了，也是沒辦法的事，因此沒有必要費心在這件事上的意思嗎？我不認為這種想法是正確的。

假設是被捲入犯罪案件而死亡，也不能不釐清事實真相就被埋葬。

無論是怎麼樣的人，都保有尊嚴和人權。無論年齡、性別、職業、有沒有錢、住在哪裡，人皆生而平等。個個都是寶貴的生命。因此，長久以來我不斷地說，死後還是必須讓名醫診斷才行。

現在回顧起來，我有幾個難以忘懷的鑑定經驗，其中我還珍藏了一封重要的信。這是在某件案子破案之後，管轄所屬的警察署長寫給我的信。這起震撼昭和年代，連年幼的孩子們都被捲入的放火殺人事件，出自自私的犯人之手，就在案子撲朔迷離陷入膠著而遲遲無法破案的時候，這位警察署長來找我商量。

我仔細閱讀事件的資料，比對火災遇害照片的同時，告訴他我所想得到的見解。之後這位署長與刑警們團結一致、鍥而不捨，最後終於把犯人逮捕到案。真的是很不簡單。

這封信，是用毛筆書寫在可以在時代劇中看到的蛇紋管信箋上的。

信上寫著「在苦於無計可施被逼至絕境時，多虧上野醫生的見解，才得以讓案情水落石出，綻放曙光。」

字跡工整漂亮，彬彬有禮，非常像武士寫的感謝函。字裡行間，我充分感受到為了捍衛法律一心一意而活的人所展現的姿態。能收到這樣的信，我滿懷感恩的心，感到欣喜若狂。

現在我覺得法醫是我的天職。

第 2 章

爲什麼我會當上法醫

「紅鬍子」父親

我在昭和4年（1929年）出生於茨城縣西茨城郡一個名叫岩瀨町的小鎮。現在被合併為櫻川市。

父親是一名醫生，但是他並非一開始就從醫。他在大學學習哲學，曾有一段短暫的時間執過教鞭。他是在我和哥哥、姐姐、妹妹4個孩子出生之後才開始從醫的。我父親於79歲過世，至今我仍對自己來不及問他為何立志踏上醫學這條路而深感懊悔不已。我想也可能是為了孩子們的教育吧。

出乎意料的，孩子並不清楚父母的人生。說不定是因為父母本身不太願意提起，我認為如果有機會的話，你們可以問問他們。自己的父母同時也是別人的孩子，或許他們也是一路上肩負著許多辛苦走過來的。

岩瀨町是一個靜謐的好地方，保留了日本鄉下的原始風景，是一個彷彿動畫電影《龍貓》會出現的地方。連綿不絕的山綠意盎然，有水田和旱田，也有乾淨的小河川……。我自由奔走於山野間，暑假就捕蟬，秋天就追趕蜻蜓。我總是玩到太陽下山，直到天色全黑才罷休。我在那裡長大一直到上小學為止。

之後，我們舉家搬到北海道。這是因為我父親期盼能在無醫村地區進行醫療活動的緣故。據說他似乎是打從成為醫生的時候開始，就打算在無醫村工作。他總是看報紙廣告，找尋有醫生需求的村莊。

我們前往的地方，是被稱作北海道最偏遠的網走的卯原內村。北海道除了舒適的夏季外，其餘時間幾乎都很寒冷，尤以冬季特別天寒地凍。在鉛灰色的天空下，連日不絕的暴風雪，以及從未體驗過的大雪積雪之深已超過身高。但是對孩子來說，就算身處於那樣的環境，還是感到既新奇又有趣。

特別是與鄂霍次克海相連的能取湖，結冰厚度約有1公尺左右，穿越結冰面可以馬上直達對岸，樂趣無窮。

我居住的環境四周有許多北海道的原住民愛奴族的部落，他們稱呼孩子們為「MINA」。那裡有時常笑容可掬又信得過的老太太們。雖然我曾經聽說過像是對愛奴人有偏見的言論，但是在孩子之間卻沒有任何人會說閒話和做這些事，所有孩子都玩在一起。

不用說，村莊內沒有我父親以外的醫生。

因此，在這裡沒有任何專科，我父親無論什麼症狀的病患都看。只要病患說胃或肚子痛，就採取內科的處置，如果是外傷，則採取外科的處置。我父親連皮膚、耳、鼻和眼睛都看。如果是我父親無法處理的重傷病患，就會把他送往大一點的城鎮的醫院。

由於診所緊鄰住家，夜診也是常有的事。

玄關的大門傳來咚咚的拍打聲。

「醫生，不好意思！我的孩子高燒不退，拜託請您看一看！」

我母親迅速開燈，火速開啟玄關的大門，門發出嘎嘎聲響。抱著孩子的家長滿臉擔憂。身穿睡衣，外面罩著一件鋪棉的袢纏＊的父親，一到診間就說：「沒事的，馬上就會治好的。」好讓家長安心。

由於村莊裡沒有產婆，因此我父親也幫忙接生的工作。若是白天，我母親就會立即燒一大鍋熱水，並準備很多擦手巾和毛巾。

三更半夜，外頭也頻頻傳來「醫生，我太太快要生了！請您馬上過來！」的焦急的聲音。

於是，我父親就會匆匆忙忙地準備出門。

我們這幾個孩子窩在棉被裡，聽著父母在走廊奔跑的聲音的同時，又再次沉入夢鄉。我父親不僅白天工作，就連在夜晚也還是為了他人出門工作。在我們這幾個年幼孩子的心中，父親的工作實在是很了不起。

放暑假時，我父親也讓我在診療室幫忙。即便我成為醫學生之後也一如往常，

＊在冬天穿著的保暖外套。

每逢返鄉就到診療室幫忙。在忙得不可開交的時候，村莊內唯一的診所彷彿就像一座野戰醫院。

我自己也有過幾次幫忙接生的經驗。我用雙手接過一邊忍受著痛楚，一邊憋氣使盡全力的母親所產下的滿臉通紅、發出哭聲的新生兒。

我覺得就是在那個瞬間，使我徹底領悟到生命的尊嚴。

我父親甚至還帶著助理，去無法前來診所看病的患者的住處進行巡迴診療。他全年無休地工作。我在大學時代返鄉的時候，曾試著手提父親從往昔使用至今的黑色公事包，才赫然發現原來重量相當地重。這是為了因應各種疑難雜症，而把各式各樣的醫療器材塞滿整個公事包的關係。

如果病患的住處距離不遠，我父親就會徒步前往，如果路途遙遠，夏天就騎馬，冬天則是乘坐簡陋的馬車前往。在那個時候，我父親一定會把母親事先準備好的熱水袋摟在懷裡。你們是否看過熱水袋呢？在以前的日本，冬天時家家戶戶都會把注滿熱水的熱水袋放置於臥鋪的腳旁睡覺。如此一來，身體在整個睡眠期間都會暖呼呼的。雖然現在熱水袋好像還存在，但當時我們使用的是陶瓷熱水袋，用質地厚實的布袋包裹。

我父親還不收取貧窮患者的醫療費。居住在窮鄉僻壤的山間的居民，過著貧窮的日子，又由於當時還沒有健保制度，就算是生病卻無法求醫的人不在少數。

「醫生不好意思……，現在我付不起醫療費。」頭低到幾乎就快碰地的人說。

「哎呀，別擔心！付得起的時候再給我就好了。」沒錯，我父親總是這麼說。

這讓我想起一件事，是我在東京成為法醫之後的事。某天，我的小舅子突然慌張地打電話給我。他是營造業工作的負責人，據說在某個工作現場的午餐時間，無意間聽到一名工人說的話。

「我啊，曾經遇過一位活像神明一樣的醫生喔！」那個男人開始娓娓道來。

「這是3年前的事情。我以前曾經補過鮪魚，結果在漁民宿舍裡手指受傷，傷得深可見骨。我用擦手巾包紮傷口，但是血流不止，還越來越腫，痛得難以忍受啊。但是我又沒錢，根本沒辦法去看醫生。如果這樣下去，我就會變成沒用的人，以後要怎麼謀生呢？後來我到海邊發呆，突然有一位身穿白袍的大叔來向我攀談問我『小子，你的手怎麼啦？』」

據說一面喝著茶，一面無意地聽著這番話的小舅子，對白袍這個詞很在意，於是走到他的身邊。

「後來，那位大叔就說『給我看一下』後，突然撕開我的擦手巾說『都已經化膿了，跟我來吧』，就把我拉到一個很像診所的地方，還幫我打針喔。我告訴大叔『打針費用太貴了，我付不起』，沒想到他竟然說『沒關係，不用付』。

我也明白這是價格昂貴的注射針。儘管那樣，大叔卻說『這樣你就不必切掉手指就解決囉！你的手指會好的』之後，我的傷果真痊癒又可以工作了。真的是好了不起的人，活像神明一樣啊！」

聽說我小舅子立刻問工人：「那位醫生是60幾歲左右的人嗎？你記得他的名字嗎？」

被這麼一問，工人皺起眉頭拼命地回想答道：「嗯……那個嘛！他叫上野，是一位姓上野的醫生。」

我小舅子心想，果然不出所料是姐姐的岳父，因此興奮地打電話給我。

工人打的針，可能是青黴素（盤尼西林）。當時青黴素是要價約100日幣的昂貴藥物。當時大學畢業的月薪約80日幣。

之後我返鄉見到父親的時候，我試圖跟父親提起這件事，但他早已忘記了。「咦，是嗎？我忘記了，有發生過那樣的事情啊？」他回答。

我父親就是這樣的人。

價格昂貴的藥物，令我想起過去曾經肆虐過的白喉。一旦感染，就會引發心肌和腎臟障礙，呼吸困難導致窒息死亡，是一個相當恐怖的疾病。

明治初期，研發出白喉疫苗，但是這個疫苗卻比上班族的月薪貴上快3倍，如果沒有相當雄厚的財力，一般人是無法施打的。

就算小孩罹患白喉，也因為家長付不起注射費用，完全束手無策。

但是我父親只要有罹患白喉的病患前來就診，就會毫不猶豫地幫病患施打。

「人命比金錢還重要。醫生不是生意人。」我父親無時不刻將這句話掛在嘴邊。

之後我才明白，這個哲學是承襲自我的祖母。

話說某天，有一個罹患白喉的小孩被一位醫生棄而不顧。那位醫生似乎是脫口說出：「如果付不出錢，就無法看病。」我祖母的弟弟碰巧就在現場，就告訴祖母這件事。於是，我祖母講給她的兒子，也就是我父親聽。

「你不可以變成那樣子的醫生。只因為病患沒錢就見死不救的人，不配當醫生。」據說我父親把這番話銘記在心。

醫乃仁術

醫乃仁術。

以醫術謀生的人，無論如何都會將救命視為第一。我父親說過的那句話，現在依然是我的精神支柱。

因為有這樣的父親，我們的家計向來辛苦。即便如此卻不曾苦於沒東西可吃，多虧了我母親種田耕作，以及病患帶來大量的米和蔬菜等農作物。

「小小心意，不成敬意。」患者背了裝滿大量蔬菜的竹簍，千里迢迢繞過山路和農業道路來給我們。

「今天有補到魚，請多吃一點。」臉部曬得黝黑通紅的漁夫帶了大桶的魚過來笑著說道。

我母親滿懷感恩的心收下，把這些病患餽贈的食物煮來吃。雖然煮的都是以醬油、鹽巴和味噌調味的簡單鄉下口味，但是對於我們這些正值成長發育期的孩子而言，是多麼美味的佳餚啊。

至今，我還是很懷念母親的味道。

我母親是一個從不發牢騷，也絕對不訴苦的人。相信她應該也有想傾訴努力養育4個孩子的辛苦的時候吧。可是她卻總是靜靜地掛著笑臉。每天穿著日本農村婦女穿的工作燈籠褲四處奔波，忙得不可開交。我和哥哥姐姐們，不曾有過任何怨言。因為我們看著父母親的背影，認為是再自然不過的事。我就是這樣長大的。

升上國小5年級前，我們從網走舉家搬到積丹半島。

我在網走度過4年的歲月當中，有數個回憶，其中有一個令我畢生難忘的情景。網走有一所大型監獄，時常會有派出所的員警騎腳踏車來告知：「現在有人逃獄了！」

「什麼？逃獄！」

當時我還是個小孩子，因此格外感到害怕。

在網走監獄的附近有一座農場。在監獄規定有限的區域的一個角落內，讓服刑中的男性受刑人作農。

就在鄰近這一角落的地方有條鐵路通過。據說現在已經廢線了。一日當中有4～5次蒸氣火車會通過，一旦火車接近那塊區域，就會有各式各樣的東西同時被丟出火車窗外。

祖母級的乘客們，將同行爺爺的香菸、牛奶糖等糖果同時丟出去。不用說也知道，這些東西是丟向受刑人的。

或許乘客當中有家人也是受刑人也說不定，但是他們應該幾乎都是丟向不認識的人。就算火車的車掌出聲制止：「請勿亂丟東西！」大家仍不罷休。

就連看守受刑人的獄警們，也都假裝視而不見，這是在現代社會無法想像的畫面吧。罪本就該贖，但是囚犯也是有爹娘的孩子。我不禁同情起他們。

我們舉家遷居到積丹半島，一個叫做美國的城鎮。從余市這座城鎮搭乘蒸汽動力船抵達美國。隨著孩子們日益長大，必須支付更多的學費，我的雙親似乎就是基於這樣的理由，決定搬到人口較多的城鎮。

雖說如此，我父親對待病患的方式沒有改變。他從未向窮人收取過任何醫療費。

我們的住家是一棟大得像鄉下一層樓小學的鎮立醫院的木造建築。有一個大得很誇張的澡盆，被我們戲稱「好像旅館一樣啊」。澡盆的水是用石炭和柴木燒熱的，所以斧頭劈柴難不倒我。兄姐各司其職，我則是被分配到劈柴的工作。雖然一開始連站都站不穩，之後就越來越熟練。我會在夏天預先劈好大量的柴，囤積在小房子內，為寒冬做好準備。

到了月底，鎮長就會拿薪水和津貼過來，向我父親表達謝意：「醫生，一直以來總是非常感謝您所做的一切。」但是我父親連薪水和津貼都不收，我記得應該是100圓日幣左右。由於是鎮立醫院，除了治療收入之外，還有額外由小鎮支付的薪水。

「您是我們小鎮委派的醫師，請笑納。」鎮長說道，但是我父親拒收並回答他：「窮到有一餐沒一餐的病患就快死了。請幫我把這筆錢運用在他們身上。」

在年幼的我的心目中，深深覺得他是一個相當了不起的人。

其後不到幾年，我父親首次獲頒榮譽鎮民，享年79歲。他去世時，小鎮為他舉辦喪禮，有絡繹不絕的人士出席悼念他。

就在他去世前不久，我從東京前往探視住院的父親。在我要回去的時候，我對父親說：「那麼，請您保重。」就在準備轉身離去的時候，他一直猛盯著我瞧。

「你應該也很忙，要好好珍惜身體喔。」

明明自己住院，心中掛念的卻是孩子的身體而不是自己的身體，我切身體會到父母的養育恩情。

我母親也是如此。有一次她住院的時候，不約而同地對我說出相同的話。

在探視我父親沒幾天後，我父親在照料他的人外出到商店買東西的短暫時間內，維持依靠在床頭的姿勢不變，彷彿就像睡著似的撒手人寰了。我父親是安詳離世的，聽說他死前一刻閱讀的書，仍是未闔上的狀態。

我父親對日後的我在55歲就任監察醫務院院長，以及過了60歲寫書，躍登社會舞台的事情一無所知。我的雙親都是在未知的情況下過世的。如果他們知道的話，一定會替我感到開心。無法如願以償，讓我感到很遺憾。

貫徹自己的信念，竭力為病患奉獻自己的父親的背影，成為我日後踏上醫學之路的真正基礎。

我在第二次世界大戰前後所看到的景色

我就讀於東京都文京區的舊制中學*。當時完成6年的小學學業後，要考舊制中學的入學考。我會遠從北海道到東京求學，是因為我在開始思考未來職業的時候，覺得還是想和父親一樣當醫生的緣故。

雖然仍對前景感到一片茫然，但就在我向父親商量時，他要我「盡情做自己想做的事」，讓我下定了決心。如果要念書，就讀都市的學校較為理想。

我住在上野公園附近，位於谷中的一個古老獨棟房子。這棟是我父親為了立志成為一名醫生而進入女子醫學專門學校就讀的姐姐所租的房子，哥哥也上了大學，我也從家鄉遠上東京，手足3人就共同生活在這棟房子。由於我父親不收貧窮病患的醫療費，如同「紅鬍子」的醫生，相信他在為了籌措孩子們的學費等事情上面，

*1947年日本施行學校教育法前，針對男生實行中等普通教育的一種學校。

費盡了苦心。

我的家離谷中墓園不遠，附近有寺廟環繞，可以時常看到和尚的身影。每天早晨，我都會經過團子坂＊到學校。無論櫻花盛開或是凋謝的季節，都洋溢著雅致的氣息，風景優美。然而與寧靜的景色背道而馳的是日漸慘烈的戰況，整座城鎮籠罩在一股動盪不安的氛圍中。

我的學校校舍位在東京大學的旁邊。除了學習以英文、數學、國語為首的所有科目外，另設有「武道」和「修身」的時間。所謂的「修身」，就是現在大家口中所說的「道德」。我們在這門課學習了做人要懂得明辨是非，以及禮節和行善等做人處事的道理。

不用說，在這個年代根本沒有男女共學的地方。不用說共學了，這是一個女子將來就是要嫁人，因此根本不必接受學校教育的年代。

這是一所有質實剛健、意指毫不掩飾、樸實、誠實且身心都很剛強的校風的學校。

在「武道」這門課，我們學習劍道和柔道。在體操時間，我選擇了相撲。當時並沒有像現在一樣有棒球和足球的項目。一提起運動，非相撲莫屬。雖然我們只是在操場上畫圓，身穿體操服並由當主審的同學喊出「開始吧！」的口號後開打，然而我的相撲實力表現在當時是最強的，連我自己也大感吃驚。

我還是小學生的時候，其實是最弱不禁風的。我會成為最強的學生，不管怎麼說，無疑是多虧了我在鄉下長大和擁有劈柴的經驗。

在鄉下，周遭多為農家和漁夫子弟，每個孩子都因為幫忙家事而飽經風吹日曬，孔武有力。只要一玩起相撲遊戲，我總是很輕易地被扔出去。在這群孩子當中，有一個面目猙獰、相撲技巧很強的傢伙。雖然功課不好，卻力大無窮，我打從心底默默地尊敬他。

「痛死我了！」

*文京區地名，同時也是森鷗外和夏目漱石的居住地。

同班同學眼看就要摔倒的我，全都捧腹大笑。這與現在的霸凌等行為相去甚遠，是有溫度的。無論是強者還是弱者，會念書還是不會念書，沒有人會道人長短。他們一回到家，就會幫忙家裡耕種或乘船捕魚。生活在都市的人能言善道，卻沒什麼體力。

每個禮拜，學校會舉行2次「軍事教練」的時間。日本的戰況是日復一日的惡化。當時的社會，盛行著「從軍報效國家變偉大」的軍人崇拜的風氣。入伍從軍前往戰場就是唯一，我們都必須大聲高喊：「一、軍人應立誓效忠，善盡本分！」

學校就是遵照這樣的軍事教育，訓練學生入伍從軍。全體學生扛著沉重的鐵砲，排列在操場。

教官一喊：「射擊開始！」學生就朝向離自己有點距離的標的做重砲射擊訓練。

「不要慢吞吞！」

「殺入敵陣！」

教官們的臉上，青筋暴露。

訓練是很認真嚴肅的。目的在訓練學生成為隨時都能赴戰場的人。戰爭，是我們當前的現實。

經過無數次不斷地重複操演練習，更加深了我的恐懼。只要想到一旦到了戰場，敵人就不再是這種人工做出來的標的，而是要開槍打死活生生的人，我的恐懼感不禁油然而生，不過，這是一種難以承受的恐怖且令人感到厭惡的感覺。

真正的戰爭中的標的是人。雖說是敵人，畢竟是有血肉之軀的人。有的父母親還在，也或許有妻小也說不定。

如果自己被敵人打中，家人就會陷入悲傷。如果將對手擊斃，他的家人也會感到哀傷。沒有比戰爭還要更殘酷的事情了。

況且戰爭是因為自己挺身奮戰，家人才會被保護，祖國才得以安泰。除了奮戰下去，別無他法。

然而我不斷為此事鬱悶不已，最後我想到的是如果成為一名醫生，就能以軍醫的身分前往戰場。我做得到的是在戰場上拯救負傷的士兵，不必打死人就解決了。

軍醫是以紅十字會精神為根據，不管受傷的是敵人或盟友，全都可一視同仁進行救援。我打算成為像父親一樣的醫生。

在我升上舊制中學3年級時，生活終於完全改變了。

戰爭情勢變得更加糟糕，所有學業全部停擺，所有中學以上的學生都必須去軍需工廠工作。由於武器和彈藥逐漸用盡，所以必須製作彈藥。當時所需的鐵量不夠，是個需要家家戶戶交出鍋子和煮飯鍋來調度的年代。

我去了位在東京都葛飾區北部的龜有的鑄造工廠。每天早晨，我總是被要求將用墨水寫了「神風」兩字的擦手巾綁在頭上。我綁著擦手巾，心中一面暗想如果日本戰勝，成為軍人社會形成階級制度的話就不得了了。

我的工作是將鐵置入熔礦爐熔化，製作鋼盔和鐵炮的砲彈。我們還製作了使用目的不詳，很像是超大型桶子的東西。日後我才得知，我們製作的可能是要裝毒氣的大容器。

戰爭，會把人逼瘋。而且一旦開始了，就得拚到最後一刻。不知不覺間，國家整體就不得不迎戰。

這是一個只要脫口說出「我不想入伍從軍」，就會被打死的年代。事實上，表達反對戰爭的學者、作家和演員之輩，全都被抓進牢裡。其中甚至有被關進去，最後成了冤魂。真是一個驚悚恐怖的年代。

大我4歲的哥哥，在20歲的時候就已經出征了。只要收到徵兵的「紅色召集令」，就由不得你不去。無論你多麼地不情願，還是必須出戰。再過不久，你將面臨身陷守護國家，為了祖國奮戰的處境。

戰爭就是這麼一回事，置身於那樣處境的自己實在很可怕。

我沒辦法動手殺人。

有什麼比開槍打死同為人類還要可怕的事呢？實際上，雖然自戰場歸來，卻因為受到精神創傷，導致無法回歸社會生活的病症，全世界到處可見。

哪怕是國與國的戰爭，我們與敵國軍隊中的每一個軍人素昧平生，也不憎恨他們。

我們在谷中的家底下，挖土建造了一個防空洞。每當防空警報響徹雲霄，就會有人大喊：「關掉電燈！」四處陷入一片黑暗，所有人都逃到防空洞裡面去了，但是我沒有這麼做。

假設炸彈掉下來燒毀建築物的話，防空洞根本就派不上用場。被命令「躲起來！」而被活活燒死在防空洞裡面的人不在少數。比較服從命令的老實人卻先命喪黃泉，反倒是四處奔逃的人獲救。

在上野公園，進駐了目的在擊落美國Ｂ29超級堡壘轟炸機的高射炮隊。但是即使被稱為高射炮，射程卻僅有7000公尺左右，Ｂ29就像隻巨大的蜻蜓，在10000公尺的上空從容不迫地飛翔。

美軍Ｂ29從空中投下的燒夷彈（凝固汽油彈）如雨般落下，只要炸彈逼近，就會聽到咻、咻、咻！令人毛骨悚然的聲音。

我感到相當害怕。

咻、咻、咻！

至今我仍忘不了那個70多年前聽過的聲音。

只要美軍投下燒夷彈，四周就立即陷入一片火海。

不用說，糧食等物資也是呈現匱乏的狀況。大家經常都是飢餓變得骨瘦如柴。米採配給制供應，我們加水稀釋煮成稀飯啜飲。

我們也吃番薯的莖部，也把看起來好像能吃的雜草全部蒸來吃。生長於河岸邊和鐵軌旁的艾草，最快被人拔光。就連米也在日本戰敗後不久的半年內停止配給。

所謂的悲慘狀況，的確就是那樣子的狀態。火車班次很少還在勉強努力維持跑的時候，都會的主婦們會抱著包袱巾，搭火車前往郊區的農家。她們從五斗櫃拿出嫁妝的和服換取米和蔬菜回家，作為採買。這種狀態持續到戰後一陣子。

父親送給我的一本書

昭和20年（1945年），是戰爭結束的那一年。

由於教育制度改成中學4年級生和5年級生一起畢業的制度，我也是預計即將畢業的那批學生。就在戰爭結束的前年年底時，眼看空襲日趨激烈，我父親認為應該要暫時避難比較好，因此聯絡要我「回北海道」。他連火車票都寄來給我了。由於我知道自己畢得了業，因此聽從了父親的建議。

過年1月我從上野車站搭乘火車，坐了12個小時抵達青森。之後再轉搭青函連絡船*，又花了我4小時抵達函館。當時是沒有新幹線的年代。登記好的乘船名簿，被保管於可以飄浮於海面的盒子內。如果船遭受到魚雷等攻擊，只要能尋獲漂浮於海面的盒子，就可以知道搭船旅客的身分。

我在青函連絡船的三等客艙，透過圓窗看得見波光粼粼的波浪。我也曾見過成群結隊的黝黑海豚。這是一幅滲入內心深處的孤寂光景。

眺望著海浪的同時，我思索著究竟這個戰爭將會給日本帶來什麼樣的改變。

轉乘火車，一抵達位於積丹半島的家，我父親就說「日本就快輸了」。據說我父親有一個在美國留學過的朋友，時常跟他說「美國不僅物資豐足，就連想法都跟我們南轅北轍」。

*1908年～1988年間，東北青森縣的青森車站橫越津輕海峽，連結北海道函館車站的鐵道連絡船的火車渡輪。

就在我逃難後的3月10日，發生東京大轟炸，被轟炸燒毀的東京滿目瘡痍，就連草木全都燃燒殆盡。要我「趕快回家」的父親的判斷沒有錯。

「讀讀這本書吧！」

某一天的夜晚，在小小的裸燈罩下，我父親遞了一本書名為《給學生》的書給我。這是我沒有聽過的書名。

「這是一本由東京大學河合榮治郎教授＊所寫的著作。學生最好要閱讀一下比較好。」父親說道。

「這本書寫了自由主義和個人主義之類的內容。日本雖然是極權主義，但是這本書會幫助你了解到原來還有這樣的想法。」

「什麼是個人主義？」我反問。

「就是自己才是最尊貴的意思。」

我不太能理解父親的回答，還是收下了這本厚重無比的書。這本書發行於昭和15年（1940年），一看起來就像是本很艱澀的書。

「各位學生，我們的祖國日本，正面臨著處境極為艱難的局面。」本書由這句話開始。

書中陳述了學問、教養、哲學、歷史、藝術、科學、道德、宗教、友情、戀愛、職業……，以及人活著的時候會遭遇到的一切事情。這些根本所在，就是個人主義和自由主義的思想。

人，並不是為國家而活，而是為了做為一個獨立的人而活。

寫的內容是每個珍惜自己並且深入鑽研，擁有自由精神的個體創造社會。只不過我越是讀下去，越是激起了心中的怒火。

我不認為戰爭會帶來任何益處。當初我的想法是因為不想殺人，只要成為醫生

*戰前著名的經濟學者及自由主義者，曾於日治時期擔任台北帝國大學文政學部講師。

就可以免去殺人了。然而一路走來，我所受的教育卻是教育我們為祖國捐軀才是正確的。

這本書卻是劈頭就否定了這個思想。當國民必須團結一致為了保護國家而挺身而出時，這樣的想法正是所謂的危險思想。

我無法持續學習學問，卻在頭上圍起一字巾，在軍需工廠賣命地工作，究竟為的是什麼？父親為何要我閱讀這種書呢……？我實在無法抑制住自己的怒火。

過了一陣子之後，父親來問我：「你讀那本書了沒？」

我老實告訴父親：「我看不懂，完全無法理解。」

「你們在學校做了什麼？」

「做了什麼？我們進行軍事訓練，還在工廠工作。」

「然後呢？」

「然後我們所做的一切，全都是為了祖國。不得不賭上自己的性命挺身作戰。」

聽了這番話的父親說道：「雖然也有那樣的想法，但是也有自由主義和個人主義的想法。如果你有好好讀就會明白了。你再好好讀一次看看。」

「老爸真是大錯特錯！」

我頂撞父親。

「國民若不能萬眾一心，就無法取得平衡。如果大家都像書中寫的一樣自己隨便亂搞，不就無法統率治理國家了嗎!?」

於是，父親凝視著我的雙眼。

「你的想法錯了。雖然有為國捐軀的生活方式，但是我希望你能體會也有本書所寫的這樣的想法。」

「沒那回事。若真是那樣，我將無顏面對那些在戰場上戰死的人們。」

我們很快就吵了起來。不久，父親用平靜的口吻說：「或許現在你還無法理解。但是了解這樣的想法是必要的。」

父親其實早就知道了。雖然在戰爭中無法公開表明，但是人打從出生的那一刻起就開啟了屬於自己的人生，每一個個體各自擁有的想法與生活方式，都應該給予尊重。大家可以擁有自由不受束縛的意見與精神活下去。

而且最重要的，是父母將自己的孩子視為何等的重要，絕對不可以草菅人命。

在戰爭那段日子裡，日本全國的母親都向自己年輕的兒子喊話「為了國家！」和「萬歲！」，然後把兒子送往遠方的戰場和特攻隊基地。我曾在港口親眼目睹過不少心碎難過的生離死別。呼喊著兒子的名字，卻又在意旁人的眼光，強忍淚水。

母親們將站在甲板上的兒子的身影深深烙印在腦海裡，在內心深處應該是期望兒子「一定要活著回來」。她們與淚送丈夫上前線的妻子們沒有分別。

我經常覺得全世界的女性，如果能夠鼓起勇氣一起挺身站起來大聲呼籲「不要讓心愛的丈夫和寶貝兒子拿槍！」的話，就不會發生戰爭。想要保護孩子的女性們的意念裡，應該蘊藏著足以撼動國家的力量。

8月盛夏的北海道吹起清爽的夏風，一片綠意盎然。

我從7日的報紙上得知昨天在廣島發生的事。大家各自奔相走告「聽說威力很強的炸彈落在廣島」、「街道已經被炸得面目全非」、「據說有不計其數的人死亡」等消息。當時的世界新聞並不像現在一樣可以火速傳開，因此大家對這是美國軍機所投下的原子彈一無所知。究竟發生了什麼事，所有人都陷入不安。

據說在9日，長崎也落下相同的炸彈。接下來，炸彈是否會落在札幌的謠言滿天飛。

就在昭和20年（1945年）8月15日，我從收音機聽到夾帶著雜音的天皇陛下的聲音。戰爭結束了。

父親告訴我的書，雖然在那個時候沒辦法馬上理解，卻給日後的我一個嶄新的人生指針。現在雖然已經是一本年代久遠的書，仍被我妥善保存在書架的深處。

我想透過死亡凝視生命

戰爭結束2年後，回到東京的我進入高中就學。畢業後，我以大學醫學系為目標，度過2年重考生活。即使進入升學補習班，也因為比較晚才開始念書，我根本就聽不懂。在感到焦慮的同時，我在書店街搜購教科書，勤勉自學。與其和很會念書的學生並肩學習，還不如獨自學習讓我更能吸收理解。

戰敗後開始復興，整個日本社會產生了巨大的改變，充滿朝氣活力。在新宿一帶，設立了被稱作黑市的市場，販售琳瑯滿目的東西。大量出現來路不明的肉類食品，以及取代砂糖，大量使用了一種叫做糖精的化學甜味劑製造的糖果點心等等，都深受民眾的歡迎。

真是極速的變化。那時候還一股腦盛行的軍國主義，竟然演變到這種地步。我覺得國家已經無法再讓我相信了。以往的價值觀，瞬間被急速扭轉。我突然痛切感受到父親所說的自由主義。

過沒多久，我進入東邦醫科大學（現為東邦大學醫學系）就讀大學的基礎課程。與現在不同的是，在舊制大學要先就讀3年的基礎課程，再進入醫學系學習4年，還得再經過1年的實習才能成為醫生。基礎課程的班級總共有60人，男女各30人。即便同為醫生的小孩，有和我們家不一樣的富家子弟，也有拼命打工的貧困子弟。

與之前不同、令我很高興的是男女共學這件事。光是女性在我附近，就足以讓我的心小鹿亂撞。

我們每天學習的醫學，雖然相當艱澀難懂，但是與朋友之間卻是相談甚歡。我就讀於舊制中學時期因為適逢戰爭，並不是能夠交朋友的狀態，我與3個能終生往來的摯友是在大學時代認識的。他們有2人來自東京，另外1人來自北陸。

一下課，大家就齊聚在某一個同學租的宿舍暢談到深夜。我們買了蔬菜、豆腐、魚、肉等食材煮成「山賊鍋*」，圍爐喝酒。我們聊的內容五花八門。

「醫生是什麼？」

「在救人。」

「什麼是救人？」

「在拯救生命。」

「那麼，什麼是生命？」

就像這樣無法得出結論，因為我們的態度既認真又嚴肅。我們很想知道自己從醫的意義和真理。我告訴摯友們有關父親的事。

「這就是所謂的『紅鬍子』呀！從未向付不起的人收取過任何醫療費用。」

「什麼!?那他是怎麼安排家計的啊？」

「那時候好像已經有國民健康保險制度了吧。可以從中獲得7成收入。但是還需要支付費用給製藥公司，又有很多孩子要扶養，我覺得他一直都很辛苦呢。母親也真是不容易。」

「真是了不起的父親啊！」

「是啊。有各式各樣的醫生，而我打算成為像我父親一樣的醫生呢！」

當然，我們並非總是談論如此生硬的內容。我們彼此也會毫不隱瞞地說出自己心儀的女學生等話題。也就是像「只是在月台見到她就讓我緊張得小鹿亂撞」之類的事情。大家真的都很純情。

放暑假。這3人為了想一睹「紅鬍子」的廬山真面目，一起來我的積丹老家玩。到了午後，由於看到有很多人在劈柴的友人問我：「他們為什麼要劈柴呢？」，我就回他：「你去問正在劈柴的人」。

*加入海鮮、獸肉等山珍海味的食材，以味噌或醬油爲湯底的特色火鍋。

「不趁夏天為過冬做準備的話，就會來不及喔！」

「原來是這樣啊！」

他這才知道，原來生活在北海道的人會事先在夏季為迎冬做好準備。

這名友人是從劈柴得知人生的智慧。

同理，獲得智慧的機會隨處可得。舉例來說，我家四周有許多草莓結果，就連這件事都能從中學習。野生草莓的滋味可謂相當地美味。友人們紛紛開心地把摘下來後堆放在籃子裡的草莓送入口中。我一邊看著他們的模樣，一邊準備用柴火燒熱洗澡水。

籃子內堆積如山的草莓迅速被吃個精光。母親笑道：「這些孩子真是有出息啊！」

之後過了一陣子，其中1個友人回憶起當時的情景。

「我們去上野的老家時，大家不是吃了許多草莓嗎？那個時候上野的父親告訴我：『你要從這些草莓當中狀態最好的開始吃』。我當下的反應是充滿問號。他繼續對我說：『草莓會陸陸續續變紅，所以應該無法全部吃完對吧。如果先從最好吃的草莓吃起，一直到吃完所有草莓為止，等於你吃的都是最好吃的草莓。如果先從受傷的草莓開始吃起，或許就會變成從頭到尾都在吃最糟糕的草莓吧。所以壞掉的之後再丟掉就好了』。聽了這番話的我恍然大悟，原來還有這樣的生活方式。」

我一面聽著友人的敘述，一面心想這就是父親的風格。當然父親的這一番話的意思，並不是要我們先享受好東西。言下之意，其實是要我們懷抱持續做自己最想做的事情的遠大志向而活。

友人在這趟北海道的夏日之旅，參考了父親的這番話吸取了這樣的想法，作為自己的處世哲學。

學習並非只是翻開教科書，而是要以身體力行去了解。在未知的土地與陌生人相遇，也是其中一個方法。這樣可以拓展你們的見聞，成為日後的財產。我希望你們有柔軟的感受性，並且在人的吸收期最好的年輕時期累積豐富的經驗。如果錯過年輕時期，會有什麼都感受不到的可能。

日本自從戰敗後進入高度成長期，產生急速的變化。大家開始能過自由的生活了。不會被言論控制，個人得以聽從自己的意願選擇生活方式。父親給我的那本書，成為那個年代的指標。

然而距離當時已超過半世紀的現在，又逐漸出現要管理個人的生活方式的動靜，令我深感憂心。

在醫學大學求學的學生們，需要思考自己想要成為哪一科的醫生。如果父親是一名開業醫生，大致上都會繼承父親的醫科。如果父母親從事其他行業，或是他們希望你選擇的是其他醫科，你都要思索出自己的使命道路。

我的父親是一名醫生，但是他卻包辦了所有醫科項目，我也將它視為理所當然，因此到了面臨自己應該選擇的道路時，讓我完全不知如何是好。我到底應該以哪一科為志向呢？真是越來越糊塗了。

沒想到像類似這種事，竟然會讓我頻頻傷神煩惱。我仔細觀察自己內心的日子，一直持續著。

究竟我自己想做什麼呢？

最後我得到一個結論，就是我有一種想被別人說「那個醫生是名醫」的心情。雖說是名醫，卻絲毫與追求名聲的慾望等扯不上邊。我想成為一個真正的名醫。那麼，為了成為名醫，到底該念什麼好呢？

經過不斷反覆思索我得到的結論就是，我想要站在醫生的立場，再次學習「死亡到底是怎麼回事？」這件事。

如果透過學習死亡，是否就能了解「活著」這件事？如果我攻讀「死亡的學問」，是否也能了解「生命」的尊嚴，以及人要如何活下去才好？

我的想法是，如果有了那樣的覺悟診斷病患，或許就會離名醫之路更進一步也說不定。

而且對我而言，「死亡的學問」就是法醫學。

我認為只要擁有生與死的哲學觀，就算在不久之後返回醫院診斷病患，應該也能對醫治活人有所貢獻才是。

總算決定好未來道路的我在畢業後，決定進入有法醫學教室的日本大學醫學系研究室，展開為期4年的學習。在當時，學習法醫學的學校少之又少。

我們在教室是以德國的法醫學教科書為依據學習。醫學被分成3大類，有學習人體構造的基礎醫學、學習治療的臨床醫學、以及被稱為社會醫學，與社會衛生和遵守秩序之類的預防醫學。法醫學是歸屬於社會醫學的學問。

在法醫學的研究室內，我們用手術刀劃開兔子和天竺鼠等小動物的身體進行實驗。在夜晚，我們時常在醫院值班打工。當時大學助理的月薪約7000日圓，我一天就能賺到500日圓，還算可以填飽肚子。

就這樣度過每一天，4年後我完成論文報告取得博士學位。然而，在我心中卻還是有覺得不太痛快的地方。我以為學習法醫學，會實際接觸到人的生死，但是我們卻一直在做動物實驗，毫無真實感，這是讓我非常在意的一點。這樣能被稱作學問嗎？

調查之下，我得知有在進行「實踐法醫學」的是一個叫做東京都監察醫務院的政府機關，可以實際接觸大體做調查和學習。因此，這次我有了進入監察醫務院學習3年的念頭。如果能在這裡學習，不但能學習理論性的東西，也能當作活生生的學問來學習。我所追求的是與人的生死有關的東西，不曉得各位是否注意到了？

自法醫學教室畢業後，我進入東京都監察醫務院。一開始我預計做個3年左右，成為臨床醫生。只不過我做得欲罷不能，因為我早已遠遠超越了自己所想的事情，閱歷過無數錯縱複雜的人生戲碼。這使我得以在還是學生的時候，知道人生各有表裡。為了讓真相水落石出，燃起了自己非做不可的使命感。

從醫學系畢業後，這些好朋友同學們也都當上了醫生，分別開始各自地方的生活。幾年後舉辦同學會，前來參加的同學們因為明白選擇踏上法醫這條道路的我薪水很少，全都跟我說：「你不用出同學會的錢喔！」「是喔，那真不好意思。」他們是開業醫生，應該有優渥的收入。我邊笑邊道謝，接受了同學們的心意。

「喂，法醫這份工作如何？」

有人問我。

「喔，由於死者會雄辯，我覺得這是一份很值得的工作。」

「原來如此，果然很像你的風格呢！」

全體同學單舉啤酒笑道。

後來我和那3個摯友，除了在同學會見面之外還會經常碰面加深友好情誼。大家分別在自己的地方精力充沛地看診，現在已經有2個往生了。這讓我回想起過往年少時，在友人租的宿舍裡把酒言歡暢談的日子。那時的我們才剛度過戰時難關，正佇立於人生的入口處，很想知道活著的意義究竟是什麼。

我們抱持著一顆充滿熱忱的純粹之心，亟欲找尋自己該做的事。我認為友情是很難能可貴的。

第 3 章

那些屍體教我的事：日本首席法醫的處世哲學

我和 2 萬具屍體對談

忘不了的事件

接下來我要寫的是我實際上鑑定過的事件，由衷期盼能讓你們知道。雖然有各式各樣的人、又有不計其數的人生，然而本章會著重在親子事件。每篇故事都令人傷感難受，難以忘懷。

那是一個凍到直打哆嗦的冬季某日。

警方打了一通電話到監察醫務院。警方會打電話，是因為牽涉到事件性的緣故。

當天因為我已經忙到無法抽身，所以請法醫的同事與副手代為前往警局。這次委託的驗屍對象，是一個年幼的孩子。光是聽到年幼兩個字，我的心情就跌到谷底。

「據說那個幼兒是在煤油暖爐的四周爬行，不慎撞到煤油暖爐。置於暖爐上的水壺內的熱水潑灑到她的背部，造成嚴重的燙傷。」負責的警察向我的同事說明。

「雖然馬上被緊急送到醫院，卻不到1天就死亡了。據說當時負責治療的醫生說『幼兒的母親哭喊到好像已經變成發瘋的狀態。』聽了這番話的我都很難過。」刑警好像是這樣告訴我的同事。想必一定是這樣子的，沒有任何一位父母在孩子如此淒慘的狀態下，還能保有理智。

醫院的醫生在死亡證明書上寫下「死於燙傷」。這個小女孩的父親把這份死亡證明書送到區公所。但是聽說窗口的負責人拒絕收下，事情開始一發不可收拾。

當時在窗口的資深戶籍負責人員認為事有蹊蹺，因為燙傷致死並不是病死。

提出的手續不被受理，警方開始介入處理這個案件。

負責的醫生想必是竭盡全力地治療燙傷，並未察覺到可疑之處，也未向家屬詢問小女孩為何會被熱水燙到。醫生的職責所在，必須聆聽家屬的話，不可以擅自決定死亡的種類，也不得干涉別人的家庭狀態和秘密。

唯一能介入正式調查的只有警察。透過警方搜查才能釐清事情發生的原委，才得以保護死者的人權。就連還不會開口說話的嬰兒和幼兒，都是人人平等的。

根據法律規定，如果有醫生認為死因可疑的情況，就要通報警方。尤其是在設置了監察醫制度的東京都，就會有警方見證並由法醫驗屍，這就是我們的工作。

這個時候，我的法醫同事先對著小女孩雙手合十，拆掉緊緊纏繞的繃帶檢視背部的燙傷疤痕。嬌小身軀的背上，留下一個圓形的燙傷，他不禁皺起眉頭，為什麼傷疤會這麼渾圓？究竟發生了什麼事呢？

回到監察醫務院的他來找我商量。在等待拍攝的照片沖洗出來的同時，我聽著他的說明。

「小女孩的母親驚慌失措，似乎無法好好回答警方的問題。『我女兒撞到煤油暖爐，水壺掉下來……是我沒有好好盯著她……會發生這樣的事，是我不對，事情會變成這樣是我的責任，是我的錯！』小女孩的母親嘶吼地告訴我。」

看過送來的照片，我也大吃一驚，我明白他想說的是什麼了。如果是撞到煤油暖爐而被熱水潑灑到，不可能會有這麼圓的燙疤，背部沒有不規則噴灑的痕跡很不尋常。依照屍體檢查的情況和狀態，都明顯有別於小女孩母親的陳述。有人在撒謊。

我立刻聯絡警方，開始進行搜查。幾天後，出面自首的是小女孩的母親。過世的小女孩是她的第2個孩子，有智能障礙。對這個孩子的未來感到極度悲觀的母親，把水壺的熱水澆在她的背部，將這件事偽裝成意外事故。我們並不知道小女孩的父親是否知道這件事。

小女孩的母親雖然很努力地養育她，卻在無形之中逐漸感到負擔。她認為無論是為了家庭還是為了這個孩子本身，死掉比較幸福。

由於被潑灑出來的熱水量不多，熱水被小女孩穿著的衣服吸附住而沒有流出來，形成一個圓形的形狀。法醫學不會漏掉這個細節。

不知用「人在做，天在看」這句話來形容是否貼切呢？燙傷屬外力因素的死亡，因此會被當作非自然死亡處理。燙傷的原因，並非由家屬和醫生來決定，要提出非自然死亡通知書讓警方搜查，釐清真相。如果當初戶政事務所員工照單全收，小女孩的母親的所作所為應該就不會被人察覺，真相就會被埋葬於黑暗當中。那名小女孩根本無法逃離及大聲喊叫就葬送性命了。

我能痛切地感同身受父母對家有障礙的孩子的未來感到悲觀的心情。更何況比起現在，是個對障礙者有偏見與歧視的年代。那名母親並不是因為憎恨而親手殺死自己的孩子，反倒是擔心孩子的未來所做出的行為。只不過這個行為實在是太過自私，絕不可原諒。原本的理想是正因為是弱者，才更該小心地呵護。這種時候，我觸及到母子之間的情感變化，讓我深感困擾。我就是不斷地被夾在這樣的縫隙之間工作。雖然我也能理解父母的心情，卻無法視而不見，因此才會左右我的心情。如果保持默不出聲的話……，只是我實在是辦不到。

假使沒有被人發現，小女孩的母親應該會終生都在苛責自己做過的事。在內心某個深處形成一團烏黑的疙瘩，無論什麼時候都無法發自內心地笑。

無論是什麼樣的一條命，都是相當寶貴、有被保護活下去的權利。

我認為世界上，沒有比母愛更堅強的了。即便是其他動物也不變。舉猴子為例，在某一座動物園，有一隻緊抱著小猴、不離不棄的母猴掀起話題。

小猴已經沒有生命，也因為被抱了一個月，屍體早就變得乾巴巴的，可是母猴卻絲毫不肯放手。據說動物飼育員試圖讓母猴放手試了無數次，好一陣子都束手無策。即使是猴子，母猴對孩子的愛一樣是無價的。

我不記得是在什麼時候發生的，我在火災現場目睹的母子的樣子，也是讓我情緒湧上心頭無法言喻。這是一起母親外出時，家中發生火災的事件。為了救出在家睡覺遺留在火災現場的兒子，母親不顧消防員的制止，奮不顧身地衝入熊熊烈火的火場中。我抵達現場驗屍的時候，雖然火勢已經被控制住了，但是四周仍然煙霧瀰漫。

兩具焦屍的位置，在距離玄關還有數十公分就能逃出來的地方，母親是緊緊抱住孩子的姿勢，只差一步的距離嚥下最後一口氣。

我也曾經在某個交通事故現場有過一個痛苦的回憶。

警方正在整頓在現場看熱鬧的民眾。車子打橫翻覆在馬路上，車身凹陷、車窗玻璃也散落一地，看來似乎是一起嚴重的事故。映入眼簾的是，在馬路邊的一角，一位母親自己受了傷，卻抱著滿身鮮血的孩子。

孩子已經沒有氣息。

「起來！起來！看著媽媽！張開你的眼睛！」母親一邊緊緊擁抱著孩子，一邊繼續吼叫。

身為法醫的我們面對這種景象，實在無法冷靜地說「我要驗屍」，也無法強行把母親拖離現場。

因此，我經常做的就是告訴警方「明天我再過來」，然後離開現場。離開事故現場之後，我就搭車前往下一個驗屍現場。驗屍現場一個緊接著一個在等著我，車內瀰漫著一股非常凝重的沉默。

不到一會兒，司機突然把車停靠在路邊說「不好意思」。由於他一向都是以分為單位移動到下一個驗屍現場，會在半路停車很不尋常。

「怎麼啦？是車況不好嗎？」我擔心地問他。

「不是車況不好。醫生，我知道您在趕時間，真是不好意思。……我的眼淚讓前面的視線模糊不清。」

話一說完，就拿下眼鏡用手背擦拭淚水。我完全能夠體會他的心情，因為他有一個年紀相當的孩子，想必更加痛心不捨吧。當我意識到的時候，發現就連副手也在揉眼睛。

車內的沉默，持續了好一陣子。

初次見到刑警的眼淚

現在回想起來仍會讓我想掉淚的，是刑警所流下的眼淚。那是我第一次也是最後一次看到刑警流淚。

那天，我正在前往第4個驗屍案件的現場。目的地是坐落於東京近郊的一棟木造公寓。那是一位30幾歲的女性已經死亡的通知。一抵達現場的一個房間，在昏暗的房間內有一個小學高年級的男孩和一個小學低年級的女孩。

小女孩一看到我們，叫了一聲「哥哥」，躲到男孩的背後。我可以感覺到她充滿不安的樣子。

當時正值隆冬，兩個人卻只穿著皺巴巴的薄襯衫，男孩身穿一條縫有補丁的長褲。或許你們不太清楚補丁是什麼東西，就是衣服穿到被磨破的時候，在破洞處縫上別的布，讓衣服還能繼續穿，常見於以前日本的孩子身上。

但是這件事情並不是發生在年代久遠的時代。倒在孩子們身旁的是他們的母親，據說父親在幾年前死於交通意外，年幼的孩子們是由母親一手扶養長大。這位母親是在孩子們的面前突然撒手人寰。

我聽說是隔壁鄰居聽到男孩告知「媽媽好奇怪，都起不來！」之後報警的。

房內幾乎是空無一物，泛黃的榻榻米散開長倒刺。屋內僅有一張圓形茶几、房間角落有一組摺疊好、又薄又硬的棉被。他們3個人是不是睡在這組棉被上呢？

在棉被旁邊，放置了紅色和黑色的硬式書包。雖然生活貧苦，應該是母親為了兩個孩子辛苦拼命工作而買的吧。那種心情真叫人悲痛不已。

在小小的流理台內，還放著洗到一半的3個飯碗、有缺口的小碟子和筷子。橫躺在地上的母親身上穿著一條好像穿了很久的裙子和一件皺巴巴的毛衣。毛衣上佈滿毛球，仔細一看上面有許多像是蟲子咬的破洞。透過衣服也能看得出她削瘦的身形。

我屈膝向兩個孩子說：「沒事喔。」女孩哭喪著臉說：「媽媽為什麼躺在地上睡覺？是生病了嗎？」

於是，男孩告訴女孩。

「別擔心。沒事的，沒事喔！」

男孩說給妹妹聽的同時，緊緊握住她的手。明明自己也想哭，卻堅強地保護著妹妹，並且對刑警提出母親身亡時的情形的問題據實以答。

每當女孩抽噎起來，男孩就會安慰她「別擔心。沒事喔！」然而他只不過是故作堅強的樣子，從他顯露的神情可以得知突然失去了母親，對未來該如何是好而感到不安。這個家庭沒有親戚可以依靠，似乎是失去母親之後就只剩下兄妹兩個人。

聽了男孩的話的刑警，突然丟下一句「不好意思」就退到走廊。當我窺探過去，發現他正努力壓抑著自己的哭聲。

刑警又再次向我說：「不好意思。」

「我也有一個與他們年紀相仿的孩子……。」

他漲紅著雙眼，我默默地從口袋掏出手帕遞給他。

驗屍結果，知道這位母親的死因是過度疲勞的病死。根據男孩所說的話，母親送自己和妹妹去學校上課後馬上就出門工作，回到家已經是三更半夜了，似乎還身兼數職。

每天晚上男孩哄完妹妹入睡後，便開始完成功課等事情之後才就寢。由於內心的不安，他總是掛念著母親直到她返家為止。他會躲在被窩裡仔細地聽有沒有母親回來的鞋子步伐聲，直到聽到門鎖打開的聲音，才終於能安心入眠。

我與這位刑警商量，決定聯絡該區的民生委員＊。由於當時是沒有手機的年代，刑警跑到附近的公共電話亭打電話。這段期間，男孩一直握著妹妹的小手。民生委員過來之後，我們向他說明事情的來龍去脈。雖說驗屍工作已經結束，我實在無法

＊從事社會福利、照顧居民生活起居，特別是生活感到困難的人。民生委員也兼任兒童委員。

將「死亡證明書」親手交給男孩，立刻趕往下一個驗屍現場。

「請您要好好照顧這兩個孩子，讓他們能夠安心生活。」我奮力懇請拜託這名男性民生委員。

「我明白了。」他用力道十足的聲音回答。

這位母親生前是多麼地掛念她的兩個孩子，期盼他們能健健康康地長大而辛苦工作。買硬式書包給孩子們時看到他們綻放的笑容，是多麼開心呢。

「不必擔心日後的事情，要打起精神喔！」，我告訴男孩。男孩安靜地輕輕點頭。

我在拜託民生委員的同時，在腦海的一角期望這是一個無論是誰都能安心生活的國家。

這兩個兄妹被刑警和民生委員帶走，行走於寒冬下的黃昏道路上。男孩始終握著妹妹的手。我們目送到看不見他們的身影為止。

事情距今已經40多年了，即便到現在，有時我還是會不經意地想起這兩個孩子的嬌小背影。不知道那對兄妹現在在哪裡做什麼呢？

就算是狠心的父母也想袒護的孩子們

有一通委託驗屍的電話進來，我聽到對象是一名「6歲的男童」。無論是哪個法醫都不想接下孩童的驗屍案件。我嘆著氣，心不甘情不願地起身前往驗屍現場的公寓。

因為男童是死在家中，明顯不是交通意外死亡。是純屬意外，還是病死？不，其實我差不多可以預料得到是怎麼一回事了。橫躺在地上的男孩的臉依然天真無邪，只不過是緊閉著嘴，他瘦到讓人無法想像是6歲孩子的身體。

我雙手合十默禱，在心中對著不會再醒來的男童說：「沒事，我會好好幫你看的。」

在男童已經變得冰冷的皮膚上，傷口和暗紅色的瘀青遍佈身體各處，不但有好幾個被香菸燙過的燙疤，也有舊傷，可作為男童生前曾長期飽受日常生活上的虐待的證據，因此很顯然地這是一起虐待兒童的案件。

男童曾經歷過多少痛苦呢？

男童的母親在17歲的時候生下他，雖然沒有父親，兩個人依舊感情融洽地生活在一起。只不過好景不常，因為母親有了比她年長的心儀對象，沒多久便開始3人同居的生活。

據說刑警打聽附近的鄰居，全都異口同聲說：「自從男人出現後，一切都改變了。」

「以前兩個人經常一起出門，擦身而過時都會開朗地跟我打招呼，真的是很好的一對母子喔。只不過自從男人來了以後就變了。」

據說母親變得像是要躲避他人目光似地經常低垂著頭，也不再帶兒子外出。

公寓開始頻頻傳出巨大的聲響以及男人的怒罵聲。

「別開玩笑了！」

「渾蛋！」

然後是「對不起！」的男童的聲音。

緊接在後的是母親「住手！」的叫聲。

也聽得到砰！的一聲好像被丟飛時所發出的聲音。

男童也曾被目擊過無數次被趕到陽台，邊哭邊捶著玻璃窗喊：「媽媽！媽媽！讓我進去！讓我進去啊！」的樣子。

某一天，一位住在附近的年長男性發現男童坐在路邊一動也不動，因而上前向他攀談。男童的臉頰又紅又腫。

「怎麼啦？你沒事吧？」問了男童都不回答。

對評價不太好的繼父很在意的男性繼續問：「是不是被誰欺負了？」據說男童堅強勇敢地回答：「不，是我的錯。因為我做了不好的事，爸爸和媽媽沒有錯喔！」

男性不敢再進一步追問下去。對不知道自己生父是誰的男童而言，即使是那樣的男人也是他的第一個父親。無論男童再怎麼被責罵、被毆打，依舊袒護著他。

虐待兒童案件曝光時，無論是再怎麼過分的父母，孩子們一定會袒護他們，因為不管在什麼情況下，這個世界上唯一能夠依靠的只有父母。男童在求學的小學裡，變得沉默寡言，獨自發呆的情況也變多了。

過沒幾天，男童過世了。

男童父親以「飯沒吃完」為由，罰男童以跪姿端正坐好，連續毆打男童的頭部和臉頰超過1小時以上，就連腹部也被猛踹。

母親雖然害怕卻無法阻止。雖然是出自於我的想像，恐怕這名母親也被毆打了也說不定。這種案例屢見不鮮。自從和這個男人結婚開始，家裡應該變成如煉獄一樣的地方吧。然而無辜的孩子被毆打卻無法阻止，反而讓孩子死亡的她將背負同等的重罪。

被逮捕的父親竟然厚顏無恥，理直氣壯地宣稱：「我只是在管教他。」管教用這種亂罵一通、毆打的方式是行不通的。以前無論誰家父親，都曾基於為孩子好而出拳打飛過自己的兒子。兒子們也都心知肚明。

但是這起案件，不過是將自己煩躁不安的心情發洩在孩子身上，以及將忿恨的情緒轉嫁給比自己還弱小的人罷了。近年來這種不配當父母的人正在日益增加。

同時，這也是現今整體社會面臨的問題。疑似兒童虐待的案件，有逐年增加的趨勢。假設接獲附近的人的通報前去家庭訪視，這種父母會冷靜撒謊。

「我們沒有打孩子。」

「這是我家的事，請你不要多管閒事。」

一旦對方如此回話，現在的法律就無法再深入追究。這樣下去，虐待案件在日後就會不斷地重複上演。

孩子畢竟是孩子，身體比較脆弱。沒有比以這種不講理的形式失去性命還要令人無法忍受的事。應該由社會整體好好守護孩子成長，一定有什麼拯救解決的方法。

如果換作是你們，會怎麼做呢？應該要好好思考才是。

發生在昭和時代的同歸於盡事件

在我長年工作的生涯當中，曾幫好幾個同歸於盡的案件驗屍。對日本年輕的一代或許是有點陌生的詞，意思是萬不得已，選擇與誰一同踏上死亡之路。我在這裡要告訴各位兩起同歸於盡的事件。

第一起發生在昭和37年（1962年）的冬天，是母親與嬰兒的自殺事件。一名年約25歲左右的年輕母親，背著出生約6個月大的女嬰跳軌輕生。如果跳向以相當快的速度駛來的火車，身體會支離破碎變得慘不忍睹，這個時候也是一樣的狀態。臉部因為變形，分辨不出到底是誰。用嬰兒揹帶背負的女嬰像摺疊在一起一樣死了。年輕的母親是毛衣和裙子的普通穿著。在有點距離的地方，發現了一雙隨處可見的平凡樸素涼鞋。女嬰身穿看起來很暖和的粉紅色連身衣。兩人感覺就像是傍晚外出買東西的樣子。

根據警方調查得知，這名母親與丈夫的關係並不良好。如果是母親攜子自殺的情況，大致上多半都是身為父親的丈夫無法理解照顧孩子的辛苦，將照顧孩子的工作全數交給妻子。妻子在做家事的時候，如果丈夫可以幫忙換尿布、餵奶、多少能幫忙照顧或陪小孩玩，光是這麼做就會讓妻子輕鬆不少。尤其如果母親是第一次照顧孩子的話，更是如此。做的全都是不習慣的事，會坐立不安是很正常的。至少對妻子說聲「一直都很謝謝妳」等體貼的話，妻子的心情就會有天壤之別的轉變。

然而大多數的父親工作回家就只丟下「好累」一句話，也不會哄逗孩子，只會理所當然地問「飯還沒煮好嗎」。休假的日子也是在閒晃無所事事。

更糟糕的，甚至還有會說「哭聲好吵」、「半夜啼哭吵到睡不著」沒有同理心話的父親。不是自己最寶貴的孩子嗎？這些父親到底在說什麼呢？

孩子是活生生的生命，與娃娃不同。母親懷胎10月，才來到這個世界。我在父親的診所用雙手接過不計其數的新生兒。雖然還是嬌小的身軀，卻已經是一個出色的人。

哭泣是寶寶的工作，也是一種運動。寶寶用哭泣來表達尿尿、大便、肚子餓。如此一來，屁股被擦得乾乾淨淨、又能喝到母親的奶，才能安心睡得香甜。

這時候，恐怕有許多尚未能理解此點的父母。寶寶特別是在出生後前3個月左右，會需要每隔3個小時喝一次奶。由於需求不分晝夜，母親們能休息的時間只有在寶寶睡覺的時候而已，然而在這段時間卻還忙於洗衣服、買東西、準備餐點。

這起母子同歸於盡的自殺事件中的嬰兒約6個月大，是母親最感到疲憊不堪的時期，想必她的疲勞已經累積到極限了。這個時候如果沒有得到丈夫的幫忙或體諒，甚至還被說些沒有同理心的話，就會漸漸地被逼到絕境。一定有只有自己獨自照顧孩子，導致孤立感加深，或者是認為做得不夠完善的自己很失敗的人吧。

從昭和中期開始出現了育兒精神官能症一詞，指的可能就是現在所謂的憂鬱狀態。病患一定無法向任何人訴苦吧。到底有多麼地痛苦，被逼得走投無路呢？

以前的家庭，過的是與雙親和爺爺、奶奶、親戚等同居的大家族生活。因此當母親站在廚房或做家事的時候，同居的家人就會幫忙照顧嬰兒和小孩，如幫忙哄哭、唱搖籃曲、陪小孩玩翻花繩和教他們如何玩沙包。因為身旁總是有人陪伴，孩子們才能安心。

如果有人諮詢母奶的量太少，就會有人建議「吃麻糬就會發奶」等屬於當地地區的智慧，或是告知什麼樣的副食品對寶寶比較好。昔日有一說，要養育一個孩子，需要3個幫手。能在年輕的母親們身旁笑著對她們說：「乖孩子、乖孩子！」和「不用擔心，孩子一定會健康長大喔！」的話，她們會很開心並且感到欣慰。

只不過在二戰結束後又經過了好幾年，離開雙親只剩下夫妻生活的家庭增加，而且很少與鄰居打交道。如果附近有可以輕鬆諮詢育兒問題的地方倒還好，可是一個人單打獨鬥養育嬰幼兒的媽媽為數不少。

一整天待在家中，可能會發現「我今天一整天都沒有和任何人說話」。若是沒有可以抒發壓力的管道，就會感到痛苦並且再次把自己封閉起來。

被逼得走投無路導致必須和自己的孩子同歸於盡，心力交瘁也都無人察覺，真是令人遺憾。有什麼比母子同歸於盡更叫人難過的事呢？

另外一起，是發生在昭和35年（1960年）年代久遠的男女同歸於盡的自殺案件。警方接獲在某一棟公寓有一個年輕的女子已經死亡的聯絡。由於留有一封遺書，看起來應該是自殺。

我搭車前往現場，卻在路上遇到大塞車。我回憶起當時的自己，在車上為了塞車正感到傷腦筋而心焦如焚，花了好久的時間才抵達現場。最早接獲通報趕到現場的警察，在確認遺體之後告訴滿臉擔心的房東：「4、5個小時後，我還會再和法醫一起過來。」說完，就幫忙保管了房間的鑰匙。

我一抵達公寓，就連忙與在房間門前等候的警察進入屋內。才進入屋內就讓我們兩個大吃一驚，有一名年輕的男子以依靠的姿勢橫躺在女子身旁。就在一瞬間還搞不清楚怎麼一回事時，警察這麼說：「醫生不好意思，我搞錯房間了。」

警察急忙離開房間，我們都退到走廊。但是在確認貼在房門上的房間號碼後，是這間沒錯。

「真是奇怪，醫生，是這間房間沒錯。」

我也確認了自己聽到的是一樣的號碼。我們再次進入那間房間，房內果然有名男子橫躺在地上。到底發生了什麼事？

警察去跟那名男子說話。

「不好意思。」

說了好幾次，男子都沒有起來。事實上男子已經斷氣了。在聽聞有女子身亡來到的現場，還有另外一名男子死亡。我和警察互相看著彼此。這是一起殺人案件嗎？不，不對。在我心中馬上浮現的是同歸於盡這個詞。

她應該是一個20歲出頭的女子，畫著很漂亮的妝容，塗了淡粉紅色的口紅，身穿一件淡紅色的洋裝死在棉被上。枕邊放了一張用秀麗的筆跡書寫在便條紙上的「遺書」。

「知道我無法和他結婚的現在，已經沒有活著的意義。」

遺書是這麼寫的。我打開放置在遺書旁邊的另外一張紙。上面寫著「我無法放手讓她一個人走。在天堂也要在一起是我們的命運。我也要跟著她一起走。」這名男子是女子的情人，雖然相愛，卻被女子家長以門不當戶不對為由反對婚事。

女子因為心知肚明無法與情人結婚，左思右想覺得已經沒有活在世上的意義，就吞下大量的安眠藥。

男子可能一如往常去女子的房間探望時發現她早已氣絕身亡，不停地呼喊著女子的名字，問她為什麼要這麼做，又因為發現了遺書，決定喝氰化鉀共赴黃泉。最先趕到的警察等候我們的抵達，又再次前往現場。就是在這短短4、5個小時之內發生的事。

以前在江戶等時代，男女殉情自殺的事件屢見不鮮。然而在現代應該很難想像同歸於盡這種事情。即使遭受家長反對，還是可以無視家長的意見私奔結婚。或者一旦明白無法與對方結婚，也可以痛快果斷放棄去尋找新的對象。或許也是無可奈何的事，比起以前，現在的男女關係似乎變得淡薄多了。

只不過以前昔日有許多類似這樣一心一意的愛情故事。我不認為選擇結束生命是好事，但是那時候的人覺得如果無法與相愛的人在一起，就會想不開而選擇兩人一起踏上黃泉路。

被害者家屬身上所背負的東西

以60歲的年紀從監察醫務院退休的我，原本打算悠閒地度過餘生。但是由於陸陸續續收到許多對死因進行再鑑定的委託後，又再度忙碌起來。不過，我很高興自己能夠幫助他人。

所謂的再鑑定，意思是雖然死因已經被特定出來卻無法被認同的情況，由受害者那方提出的鑑定。當中有的再鑑定會演變成審判案件，有時我也會受律師委託，出席法庭作證。

話雖如此，我不會馬上就接受再鑑定的委託。舉例來說，我接到由受害者家屬打來的電話。這些人幾乎都讀過我的著作，或是在電視上看過我針對事件發表評論，雖然感謝他們但我還是會在聆聽事件的概要之後，先行詢問對方是否有與律師商量，因為這麼做可以讓我明白他是否是認真地想釐清真相，並且有所覺悟。

一旦對方回答：「我正在與律師商量中。」我就會回他：「我有話想問您，您要不要來我家一趟呢？」最後到底要不要接手這件案子，還是必須詳讀對方拿過來的資料之後才能做出決定。尤其是解剖醫生所寫的鑑定書，我會特別謹慎閱讀。我無法單憑委託人的心願就進行鑑定，畢竟牽涉到人的生與死，而且也不能毫無責任感地接受必須進入審判的工作。

這是在平成18年（2006年）一個滂沱大雨的午後。有一對上了年紀的父母與律師3人從某一個地區前來拜訪我。我帶領他們到客廳後，告訴正襟危坐的父母：「請放輕鬆，先把事情說來聽聽。」然後為他們泡茶。律師則是比事先在電話中談話時的印象來得更溫和的一名男性。

受害者是這對夫婦已經過世的國中生兒子，姑且叫他A君。A君有一個向來關係很不好的少年朋友。事件發生的當天兩人又吵架，放學後要在學校後方做個了結。A君一抵達約定的地方，發現吵架的對手帶了5個夥伴過來。被A君抗議：「帶了這麼多人來不是很卑鄙嗎？」後對方回道：「那我們去後山」兩人一起進入山林之中。兩人起了小衝突，吵架的對手朝A君的肚子狠狠地踹下去。突然被踹的A君發出「嗚」的聲音，身體向前倒在地上。驚慌失措的少年大聲呼喚在附近待命的夥伴們：「趕快過來！」

火速趕來的夥伴們看到倒在地上樣子很奇怪的A君，紛紛七嘴八舌地說道。

「叫救護車不是比較好嗎？」

「叫救護車的話，打架的事情不就會被發現嗎？」

「但是我們也不能就這樣把他丟在這裡回家，對吧？」

「這傢伙情況不妙喔！」

最後他們決定派2個人跑到學校的辦公室叫救護車。被害者A君雖然被送到醫院，可是卻在1個半小時之後死亡。此時，醫院的醫生所寫的驗屍證明報告上是「死因不詳」。成為加害者的少年被警方逮捕。

由於死因不明，就在該地區的大學附設醫院進行司法解剖。判定結果是「神經性休克死亡。與夥伴打架的時候，因為腹部遭受外力作用而死亡」。

少年審判開始了。

裁判長雖然讀過提交的資料和驗屍報告，卻認為「光憑一個鑑定缺少了客觀性，有再聽取另外一家大學附設醫院的意見之必要，進行再鑑定」。

另外一家大學附設醫院再次進行鑑定後，判定結果如下述。

「是壓力性心肌病變引起的死亡」。

換句話說，打架不是死亡原因，而是因為A君本身罹患的疾病所引起。在他的大動脈起始部位的寬度較狹小，是體質上的因素。他在打架時引發了壓力性心肌病變。

當初進行驗屍的大學附屬醫院認為是打架時被踹死的，另一家大學附屬醫院認為是病死，各持正反意見。於是，裁判長做出了病死的可信度高的判斷。「就算是腹部被踹，也沒有出現皮下出血，也未傷及內臟。換句話說，並非外力因素造成死亡，因此很難說是神經性休克」。

判決沒有打架的因果關係，踹人的少年獲判無罪。A君的父母無法接受且憤怒地表示少年不可能無罪。

「明明就是因為打架害死我兒子的。無論我們怎麼想都覺得很奇怪。」A君的父親對我投以認真嚴肅的眼神訴說：「天理能容得下這種事嗎？」

我仔細地看過這份彙整好的鑑定報告，雖然有點在意「壓力性心肌病變」這個不太常聽到的病名，但是老實說我不認為這是一個錯誤的判斷。

「我非常能夠理解您失去寶貝兒子的心情。但是裁判所委託鑑定的兩所大學都是在日本很優秀的大學。閱讀這份鑑定報告可以明白法醫學家很仔細地進行鑑定，由裁判長做出判決，因此我認為判決結果沒有錯。」

A君的母親低垂著頭，雙手生硬地交握在膝蓋上。那雙手看得出來是辛勤工作的手。掛在牆上的時鐘的秒針發出滴答滴答的聲音。律師開口了。

「醫生，您知道壓力性心肌病變嗎？我至今負責了不少案件，卻是第一次聽到這個病。」

「不，就算是身為法醫的我而言，也不是一個耳熟能詳的病呢！」

律師繼續說明。

「根據我的調查，這種病似乎是好發於在中高年人被裁員後，不知道未來該如何是好，最後被逼到窮途末路的人身上。A君生前是一個會去健身房的健康孩子。從早上開始就食慾旺盛，會玩又會睡，精力充沛。實在無法想像他會罹患這種疾病。」

的確，律師所言合情合理。鑑定報告上這麼寫著：「壓力性心肌病變不會立即發生。多年來一直睡不著的話，會出現焦慮症，心臟的狀態就逐漸開始變得不對勁。試著將心臟放在顯微鏡下仔細觀察後發現，心肌並非處在良好的狀態，打架造成巨大的負擔因而爆發此病」。

像這樣的病例，多數理論性地記載於國外文獻，可能裁判長才因此判斷這個死因才是正確的。

然而就如同律師所言，受害者是一個健康又普通的國中生。這麼想的話，是不是哪裡出了漏洞呢？

「那麼有沒有其他可以給我看的資料呢？」我問。

「這些是我們提出的證物。審判結束後退回來的。」

A君的父親從一個有點大的皮包內取出一件乾巴巴的衣物。

「這是我兒子事發當天所穿的衣服。」

塑膠袋內裝了沾有泥巴的襯衫和褲子。看到兒子衣物的母親擦拭淚水。

一般來說，審判結束後會將證物清洗乾淨後歸還，不曉得哪裡有了疏失而將衣物原封不動地歸還給家屬。沒想到這次的疏失，卻大大地顛覆了日後的審判結果。

「A君的爸爸，這個是？」

我指著A君生前穿的內褲。內褲上沾有淡紅色的痕跡。

「咦？該不會是血吧……？」

「我看大概是血尿吧。」

「什麼?」

A君的父母和律師不禁對望。我再次拿起解剖的鑑定報告，重新看了一遍。

果然不出我所料，膀胱沒有被驗出尿液，由此可證A君在被踹的時候，失去意識漏尿，因此膀胱是排空的。原來是這麼一回事啊。

「這是下腹部被踹所引發的血尿現象，他不是病死的!」

我斬釘截鐵地說。聽完我的話之後，父親和律師大叫:「真的嗎!」眼見母親也紅了眼眶。

「第一位鑑定A君是被踹造成休克死亡的教授，不但沒有提出最關鍵的被踹證據，也沒有提出其他類似能夠作為死因的見解。他應該只是從打架腹部被踹，造成下腹部出現如蘋果般大小的輕微出血，就當作是創傷性休克吧。」

為什麼受害者的內褲沒有被當作證據對待呢?嚴重的問題就出在這裡。在大學進行解剖的時候，所有證物都掌握在警方手裡，因此教授們不會看到內褲。但是法醫會去現場，就連穿著的衣物等等都會仔細調查，因此能夠知道整個事件的經過。

「另外一位判斷病死的第二鑑定人，是看了第一鑑定人的鑑定報告所鑑定的。因此，輕度的腹膜外出血，不足以導致休克死亡。由於內臟也沒有破裂，因此最後主張像壓力性心肌病變這樣的死因吧！」

三人默默地聽著我說。

「我決定接受這個案件。」

我的回答讓三人立刻笑逐顏開。

父母堅強的愛引導破案

這次是A君父母以要求損害賠償的形式，展開民事裁判的。整個法庭鴉雀無聲。旁聽席的聽眾們注視著神情緊張的A君父母。我以清晰的口吻大聲說道。

「我來為各位說明一下為何A君不是病死的。因為他被踹倒的是腹部。腹部沒有可以保護內臟的骨頭，所以很柔軟。由於腹部內有胃、小腸、大腸等富有彈性的內臟，會吸收外力，因此就算看不見傷痕，也無法否定死因是外力的影響所致。這在解剖案例當中是有經驗驗證的。換句話說，這就與拳擊比賽中重擊對方的胸部、腹部時一樣，實力堅強的拳擊手明明毫無外傷，卻突然倒下的道理如出一轍。」

旁聽席開始議論紛紛。於是我提到「看見血尿」的問題核心。我針對內容說明了一會兒後提出結論。

「本案是打架打到一半的時候暴斃身亡的，因此不能忽略掉來自腹部的外力作用。況且施加的力道之大，足以產生血尿。依據上述因素，假設死者真的患有壓力性心肌病變這種病狀，依然可以認為造成直接死亡的原因，是來自施加於腹部的外力作用所導致的神經性休克。」

我的鑑定，在這次的裁判中取得勝訴判決。

在外國的裁判電影等情節當中，曾出現過被蒙著雙眼的正義女神，在法院前一手持天平、一手握劍的畫面。那個天平正是正義與邪惡的象徵。法院，就是測量正義與邪惡並做出判決的地方。

律師會同A君父母一起出席記者會，以宏亮的聲音朗讀我的鑑定報告。相機的閃光燈閃個不停。我從後方一邊看著這場會見，一邊回想起在某個雨天，意氣消沉的三人前來我家拜訪的情景。

我與正在會見的律師四目交接。

「謝謝醫生。托您的福才能取得勝利。」他的眼神這樣告訴我。

「不。是您的熱忱打動我的。」我也用眼神回應他。

案發當天早上，A君應該是一如往常地說了：「我去學校上課囉！」充滿活力地去學校的吧。A君的父母萬萬沒想到自己的兒子再也回不來了。被當作是病死的時候，是多麼地懊悔不已呢？但是因為他們無法認同兒子的死，進而鼓起勇氣付諸行動。這就是父母的深深的愛，沒有枉費兒子只有15年的短暫人生。

另一方面，成為加害者的國中生被警方以涉嫌傷害致死為由逮捕。雖然有少年法，不過罪終究還是罪，會被移送少年院。等到他滿18歲的時候，應該就被關到監獄了吧。並不是有了少年法的保護，就可以為所欲為。如果自己犯罪，就算僅有一次，自己的人生將會變成什麼樣子呢？我希望各位能夠好好思考一下。

一開始，這個國中生恐怕也以為這不過是打個架，想揍對方一拳的程度而已。只不過，暴力真的很可怕。揍人、踹人的行為，有時候就會引發像這樣的致死結果。

人世間，存在著諸多的規定與正義。雖然有些會隨著時代和人心的變遷改變，但是還是有絕不容許改變的規定。當中最不能改變的，就是不可以殺人。

無論是什麼樣的人，都不能奪走他人性命。這正是一個又一個相繼出生的生命，相互守護陪伴的人世間。

此時成為加害者的國中生的家人，想必一定是帶著極度痛苦的心情，在意周遭旁人的眼光過日子吧。你們千萬不能讓自己心愛的父母和兄弟姊妹承受那樣的痛苦。

這個故事，還有後續。

這是我結束了在某一間護校為護校生所舉辦的一場演講會的會後所發生的事。我把資料和幻燈片等東西塞進公事包內，正在做回家準備的時候，有一個學生走到我身邊。

「醫生，敝姓〇〇。」她面帶笑容地說。這是一張陌生的臉孔。

「我是以前曾經在某個事件，承蒙您照顧過的律師的女兒。」

聽了這番話，我回想起那個國中生的再審案件。

「啊，是那個時候的律師啊。您太客氣了，我也受過他的關照。」

對了，她那個溫和的眼神好像哪裡有點像她父親。她好像現在正以取得護理師資格為目標學習。

「不，家父高興地表示是因為托您的福，才能在裁判中獲得勝利。我從沒看過那麼開心的他。」

「喔，我也很開心。能夠贏得勝利，也多虧了你父親和那兩位父母親的熱忱。令尊後來過得好嗎？」

「很遺憾地，家父在2年前因病過世了。」

「……是這樣啊。」

印象中他似乎比我年輕得多，卻已經先走一步了。

「今天能夠聽到這麼棒的演講，真是獲益良多。」

「那真是太好了。偶爾如果有想要打瞌睡的學生，我就會不經意地脫口說出『如果要來，就給我穿睡衣來』之類的話喔。」

她聽了笑得無法自拔。

「今天沒有人睡覺。醫生，那我先告辭了。」

「好，那就再見啦。請保重。」

我看著她走向出口的背影，忽然感覺她或許是因為對法醫學感興趣，才下定決心走上醫療這條道路也說不定。我不知道是否真是如此，但是我認為在她心中，應該時常浮現出想要助人一臂之力、為受苦的人們奉獻自我的父親的身影。這個崇高的志向，想必今後也會一直支持著她。

雖然我也曾歷經過不計其數的「再審」案子，但是卻不盡然都能像這次的案例一樣能夠成功逆轉勝。有一件現在回想起來，我還是感覺很糟糕的案子。

那天，我以證人的身分出席法庭。站立於證人台的時候，總是從宣讀誓詞開始。

「本人真誠發誓，本人所做之見證供皆為真實，絕無虛偽陳述。證人上野正彥。」

詢問進行下去。

這起審判，是在爭論引起交通事故死亡的男性，究竟是因為患病引起事故，還是引起事故後死亡的。保險公司心生疑問找上了我。

事故發生後不久，進行鑑定的教授，突然蹦出令人難以想像同為醫生的言論，讓我大吃一驚。本案是右心室破裂。這名教授作證表示由於右心室是負壓，所以可以活2個小時。這根本就是無視於醫學根據的說明。心臟會透過反覆正壓和負壓來循環血液。與幫浦的原理相同，如果右心室破裂就無法形成負壓，因此無法產生正壓是理所當然的，血液循環就會停止而死亡。這是無視於醫學的證詞。

再怎麼說，都不是學習過醫學的人所說的話。這位教授為了想要保護自己的立場，迫不得已撒謊，並且還得繼續說謊去圓謊。如果我是律師，應該會馬上舉手向裁判長說明這個鑑定完全是胡說八道。然而身為證人立場的我沒有這麼做的權限，只能帶著不甘心的心情坐在那裡。

無論什麼工作，人都應該全力以赴，而且不可以自己欺騙自己。欺瞞雖然能夠躲得了一時，卻會緊跟著你一輩子，因為一切了然於心。假設哪裡出了差錯，當場道歉說：「抱歉弄錯了。」很重要。

我期盼人可以像流水般地坦蕩蕩。明明大家出生時是坦蕩蕩的，卻在活下去的同時漸漸地開始打腫臉充胖子，真是件令人難過的事。無論是誰都會歷經無數次的犯錯和失敗，因此只需要坦率道歉就行了。要撒謊很容易，道歉卻需要勇氣。懂得道歉的人的格局比較大。

我希望你們好好牢記，坦率是無價之寶。只要做人坦率，便能帶來許多好事。人都不想接近自以為了不起的人，如果為人坦率，就會有形形色色的人支持你。

不管什麼時候，我都希望你們能夠為人誠實。

第4章

那些屍體教我的事：日本首席法醫的處世哲學

人會步入死亡

霸凌自殺

我認為這是因為動盪不安的社會所衍生出的問題。在電視和報紙的新聞上，會看到選擇自己結束生命的國高中生的新聞，多到幾乎沒有一天不感到心痛。

霸凌，打從我還是個孩子的時候就存在了。但比起霸凌，比較像是糾紛和吵架，或是和鄰鎮的孩子王打架之類，說單純是很單純，甚至吵完之後通體舒暢。

老師們，會賞做壞事的學生吃拳頭。由於採行連坐法，全班都被老師賞吃拳頭，但沒有人會說：「都是那傢伙害的。」

「痛死我了！」

我們一邊摸著平頭，一邊相互嘲笑。

只不過，現在又是什麼樣子呢？演變成數人甚至全班欺負一個人的陰險情況，而且似乎還是在某一天突然開始的。

理由好像也很單純，先從「怎麼搞的，那傢伙真是讓人火大」開始，再到「煩死了」、「臭死了」，最後脫口說出「沒有活著的價值」或「去死」之類的話。就連拳打腳踢，好像也會選在不會被別人發現的屁股或大腿等部位。

變本加厲時，就會有擺明是故意的行動出現。在桌子上灑滿圖釘，以及在教科書和筆記上寫去死之類的字眼。同夥壓住對方的身體，脫下褲子和內褲。做這些事情的人可能認為只不過是惡作劇，但是這已經遠超出開玩笑的範圍了。脫掉別人的內褲，是傷害他人人格的行為。

也有被逼迫去超市或超商順手牽羊，或是被命令「從家裡拿錢過來」的案例。被如此要求的人以為如果不把錢交給對方，日子會過得更淒慘，於是就從家裡悄悄地拿出錢來。這麼一來就會被要求拿出更大筆金額的錢出來。這種恐嚇行為，很顯然地早已構成犯罪。

不知道是否該怪罪於時代，智慧手機也充斥著霸凌的投稿文。

孩子們原本就熱愛如超人般的正義英雄。雖然他們對斬除壞人、幫助弱小的姿態拍手叫好，但如果是好幾個這樣的人湊在一起，就有可能發生反轉成霸凌者的現象。

即使沒有直接涉及霸凌的行為，視而不見的人一樣也是幫兇。全班的集體忽視也是令人感到難過的事。或許他其實知道不可以欺負別人，卻不敢吧。可能他心想，如果自己罷休了，恐怕下次就換自己遭受一樣的待遇吧。大家想必應該都有過那樣的恐懼與難過。不過，你們願不願意挺身而出，鼓起勇氣呢？自古以來，有一句話叫做「見義勇為」。當你們看到遭逢困難不知如何是好或傷心難過的人的時候，請大家不要遲疑，鼓起勇氣伸出援手吧！

人生，不像遊戲一樣可以重來。一旦死亡，就再也回不來。

其實大家都能夠與全班相處融洽的。大家出生在廣闊世界裡的日本這個國家，年紀相仿，成為同一所學校的同班同學。光就這點，就是難能可貴的緣份。我相信一定可以彼此手牽手，一同歡笑，共同勉勵活下去，這樣才是過著像人般的人生。

想死，其實是想活下來

也有人說，被欺負的人是因為自己本身就是個弱者。完全沒這回事。在這個世界上，沒有欺負人的好理由。

小孩子們朝池子內的青蛙丟石頭玩。丟石頭真是有趣得不得了，但是青蛙卻是卯足了全力逃命，因為如果不逃，就有可能會死在小孩子們的手裡。出自玩心覺得有趣的人，一定不會考慮到逃跑那方的心情是有多麼地痛苦。

被欺負的孩子，每一天都過得很拼命。可能是因為害怕一旦不服從就會被施暴，因而強顏歡笑服從對方，但是其實心中在淌血。就這樣日復一日被逼到絕境。被欺負的孩子們，不會向父母吐露被欺負的事，他們多半都是不想讓父母操心的溫柔善良的孩子。

父母畢竟是父母，因為察覺不到事態的嚴重性，因此不經意就脫口說出「不要那麼懶惰，快去學校」的話。

沒有什麼比逐漸失去自己的容身處還要痛苦難受的事吧。於是自己就開始想，為什麼只有我自己必須受到這般待遇？自己是不是沒有活著的價值？好想死等諸如此類的事。接著就自言自語或透過 Email 和 LINE 等方式吐露「我想死」的心情。

我希望你們記住一件事。想死，散發出的其實是想活的訊息。

在真正要死的時候，人已經不會再寫些什麼了。

以前我曾經讀過一個受霸凌所苦而尋短的少年遺留下來的日記。日記當中這麼寫道。

「我真的很想死。活著已讓我感到厭煩了。只要還活著，就不知道明天又會被那些傢伙如何對待。我要以死復仇。但是今天就在我打算一死了之，上了我家公寓大樓的頂樓往下看時，覺得好可怕。」

只不過在三天後，這個少年成了再也回不來的故人。

在這三天內，沒有任何一個人能夠拯救這個生命，真是令人感到萬分遺憾。如果問我為什麼，那是因為沒有人不會對死這件事感到猶豫不決。比方說，人在割腕自殺時會因遲疑而留下許多道傷口，這種情形並不罕見，我在驗屍時已經看過無數次了。想活，但活得很痛苦。從傷口得知，這種念頭就是在想死的瞬間反覆再三出現。這些人生前有多麼地痛苦呢？

猶豫不決，其實就是很想繼續活下去的吶喊。世界上沒有真的是因為想死而死的人。

我的長子在和你們一樣還是國中生的時候，也曾有過不想去當時就讀的私立中學上學的經驗。因為工作繁忙，把照顧孩子的事交給太太的我，絲毫未察覺到這件事。雖然並不是被人欺負，但是我兒子好像是與壞朋友廝混在一起的時候比較開心的樣子。學校叫我們過去一趟，我太太匆匆忙忙地趕去學校。

回到家的太太問我：「該怎麼辦？」我覺得應該要先找兒子談談。

我一問他：「你怎麼了？」他就回答：「沒事。」

之後，無論我再試著問些什麼，他總是不帶感情地以「沒事」簡單帶過，絲毫不打算吐露半點真心話。他一定是有心事才不想去上學，我不認為強行逼他去學校是好主意。雖然讓我覺得傷腦筋，但事情並未發展到嚴重的地步。到目前為止，我不曾叫他做過這個或那個，畢竟做與不做，要取決於本人的意願。

我的想法是學校不代表一切。這或許是深受我父親忠於自己信念的生活方式和體貼，以及個性溫柔的母親的影響，還有與我從小在北海道的大自然的成長經驗有關。我是和許多充滿活力朝氣的人們共同在那片土地上生活過來的。

我和同學們全身沾滿泥巴，有歡笑有淚水。就算沒有一直念書，大家都擁有像生活智慧般的東西，非常強壯。能教的事情多到不計其數。只要有難的朋友，就會互相幫助。我想這是因為大家都明白這是一件極為重要的事情。

兒子就讀的是國中可以直升高中的學校，雖然他已經升上高中，果然不出我所料，他還是不肯去上學。經過我和太太討論後認為「或許改變環境看看比較好也說不定」，因此決定把兒子轉學到我太太位於山梨縣某個小鎮的老家的公立高中。雖然兒子心不甘情不願，還是過去了。

只不過雖然轉校了，他的態度依舊不變。奶奶聯絡我：「他都不去學校上課，老是窩在棉被裡。」唉呀呀，我心想兒子到底是怎麼了，所幸我在這個時候遇到兒子的班導。

這位老師每天早上都會來我家「喂——！」地打招呼。

「喂，上野！」

聽說老師會強行掀開兒子的棉被，帶他去學校。值得慶幸的是，我太太的娘家正好位於火車站的正前方。學校的位置是從車站步行得到的距離。兒子也似乎認為這樣下去不是辦法，之後的他有了巨大的轉變。兒子參加學校社團柔道部，勤奮練習。整個人好像脫胎換骨一樣。

也許這就是自古流傳〈孟母三遷〉的故事，告訴我們環境對教育有潛移默化的影響。直到現在，我還是非常感謝那位老師。如果對學生沒有愛，是無法立刻做到的。還有我也要感謝3年來，讓我寄放兒子並照顧他生活起居和溫飽肚子的岳母。之後，兒子說他要成為一名牙科醫生，開啟了一條屬於自己的道路。

我時常心想，只要一個人就好。只要身邊有一個內心溫暖的人就好，就算不是家人或學校的同學也行。

這是不久前我聽到的一個故事。有一個到某國中販售午餐麵包的小鎮麵包店的阿姨，因為能安穩人心而大受學生們的歡迎。據說她會向每一個前來購買麵包的學生寒暄問暖。

「你戴口罩，是不是感冒了呀？」

「好像有颱風要來，回家路上要小心喔！」

「看哪，不要用腳後跟踩著你的室內鞋啊！」

沒有毫無煩惱的孩子。即使看起來充滿元氣，內心一定藏有無法告訴父母、老師和朋友的心事。就算心中承受著痛苦，也會努力隱藏起來不讓別人看到。在那樣的時候只需要幾句話，就能讓人打起精神。這所學校的學生們長大成人後，應該也會突然想起這個麵包店的阿姨吧。

哪天你們長大成人的時候，要不要也當一個在暗中鼓勵別人的人呢？

我回想起當時還住在北海道的漁夫小鎮時的光景。那是一個城鎮沒有娛樂等活動的年代。一年會有幾次劇團來鎮上，在像公民館的地方表演。所有人無不滿心期待，總是場場爆滿。我會和朋友或妹妹前往觀賞。

當時的通俗戲絕對都是世間人情的戲碼。壞頭目率領一大群徒弟，向臥病在床的年邁老伯說：「如果還不出錢來，這女孩我就要定了！」準備要把他的女兒帶走。

就在那個時候。

「你不要太過分！」觀眾中一個看似是漁夫的男子，還穿著捕魚用的長靴，咆哮著衝上舞台。

「我已經看不下去了，女兒太可憐了，不是嗎？」

男人大吼大叫地擋在壞頭目的面前。

「我來幫他出錢啦！你就放過他們吧！」

一瞬間，原本鴉雀無聲的觀眾席，突然齊聲拍手叫好。

一個感覺像是劇團團長的人慌張地跑過來輕聲斥責他：「這只是演戲！」那個男性觀眾，或許喝了一點酒也說不定，但是每當我回想起這個時候的事，到現在都還會心情激動。

真是有人情味的年代。

從困境中站起的時機將會到來

最近聽聞了一件令我在意的事，那就是搬到日本全國各地居住的福島的孩子們所遭遇的霸凌＊。

一旦大家得知是從福島來的孩子，似乎就脫口說出「細菌」、「會傳染」之類的話。更過分的還會被說「你不是有拿錢嗎？」。這裡所說的錢，恐怕指的是政府的補助金吧。這種事，不像是小孩會知道的，恐怕是小孩的父母口中說出來的吧。那麼一想，就覺得很沒有同情心。

人在有難的時候互相幫助，是天經地義的事。因此其中一個方法就是稅金。

＊2011年3月11日發生東日本大地震，造成福島縣的福島第一核電廠損毀，引起核災。許多居民被迫撤離到日本全國各地。

然而我想說的是問題並不在金錢。居民為什麼得離開家鄉不可呢？為什麼到現在還回不了家鄉呢？為什麼一定得捨棄家鄉才行呢？我希望你們能夠追根究柢深入思考這件事情。

突然從天而降的天災，有讓人束手無策之處。不過在不久之後就能復興。但是這次是福島核能發電廠的意外所遺留下來的災害，明顯與天災不同。平成23年（2011年）3月11日那天，發生東日本大地震，奪走許多人的性命。日本舉國上下都哭泣了。光是東日本大地震就已經不得了了，還蒙受核災之害，重重打擊農業和漁業。居民們也四分五裂，不得不住在陌生的土地上。怎麼可以對這些人惡言相向呢？

7年後，那些當時才13歲的孩子們迎接了成人式，我聽到他們不敢告訴別人「我來自福島」，選擇藏在心底，真的很痛心。

昭和20年（1945年）第二次世界大戰結束那年發生在廣島和長崎的原子彈爆炸事件，想必也是一樣的處境吧。那是在一個與平日無異的夏日早晨。人們對於發生的大慘事全都束手無策。當時我人在北海道，聽聞了這起荒唐又令人毛骨悚然的事。

任何一個遭逢被害的人都沒有錯。也不是誰該負的責任。大家都是去學校或是在哪個職場工作的認真的人。然而，從被原子彈轟炸存活下來的人們和他們的家人在日後飽受各種偏見的委屈，是不爭的事實。

我在演講時也會談論與霸凌有關的問題，演講結束後一定會有幾個人過來告訴我：「我小時候曾經被霸凌過。很高興能聽到老師今天的分享。」

可是，卻不曾有過霸凌過別人的那方過來找我的例子。霸凌者，說不定早就忘記自己曾經欺負過人。就算記得，一定會感到羞愧而難以啟齒。

都沒有人會過來告訴我：「我以前是會欺負人的孩子。雖然態度相當傲慢，但是欺負人對人生毫無幫助。現在的我過著窮苦的生活。」如果這些人能說：「欺負人只會留下不愉快的回憶，不要做喔！」就再好不過了。

我有時候也會說《浦島太郎》這個童話故事。

浦島太郎在海邊拯救了一隻被小孩子欺負的烏龜。在垂死邊緣被救起的烏龜，對此表示萬分感謝，因此招待太郎到龍宮城，給予最高等級的款待。不過我想說的，是我對故事之後的發展的想法。

在海邊被欺負的烏龜，總算勉強逃了出來，回到海裡。第二年，烏龜看到當時欺負自己的小孩子們在游泳，其中一人快要溺水了。那個時候，烏龜會怎麼做呢？我給你們3個發展情節。

第一個，認為現在正是大好機會，如果能夠加倍奉還，自己也可以報復回擊，所以拉扯他的內褲。

第二個，就是心想「活該」，裝作視而不見離去。

第三個，就是忘掉過往被欺負的事，拯救小孩子。

在我向家有小學生孩子的母親們表達「希望妳們能和自己的孩子討論這道問

題」之後，馬上贏得滿堂喝采。其中甚至還有人說：「我會馬上和孩子討論。」

現在正在閱讀本書的你們，當中說不定有人正遭遇霸凌，心情陷入無底的深淵，或許想一死百了也說不定。但是我希望各位可以了解，那是因為你們現在的生活是以家和學校為中心，才會以為家和學校就代表自己的全世界。在小學、國中、高中，就像身處在一口窄小的井裡。那個世界絕對不代表全世界。你可以試試環顧四方看看，人類社會非常廣大，所以請你們安心。

而且欺負人的孩子其實在他心中，也是極度的寂寞，有苦難言。因為無法好好消化那種心情，而做了大錯特錯的事。想逞威風，其實是因為自己很脆弱。

世界比你們想的要大得多。就算現在感到痛苦，有朝一日，從困境中站起的時機將會到來。景色產生戲劇性轉變的時機必定會到來。嶄新的世界會敞開。或許現在你還無法相信，這世界上存在著太多值得做的事，以及能夠一同勉勵扶持的夥伴。社會上，有許許多多滿懷善意且心地善良的人。

況且目前你所遭逢的痛苦經驗，說不定能在長大成人之後，以各種形式成為有著一樣痛苦遭遇的孩子們的助力。

人生，原本是輝煌美好的。只要活著，就會有感到痛苦、悲傷、沮喪的日子。然而我們要忍耐那樣的心情，把考驗當成是機會。這對人生而言，也是不可或缺的。

千萬不要放棄。無論如何，我希望你一定要相信那一天將會到來。我衷心地希望你要活下去。

自殺是他殺

在我還小的時候，沒有電視、手機和電動玩具，什麼都沒有。樂趣就是在外面玩得渾身是泥，以及在家聽爺爺奶奶的故事，我也聽了古早流傳下來的民間故事。因此我明白家人是難能可貴的存在，也獲得了生活中的智慧。

不要忘記善待和敬重老人的心情。失去勞動能力的人，等於在社會上派不上用場的想法，是大錯特錯。現在老人也許沒有工作而在家閒晃，但是現今我們能夠過著豐足的生活，全都是這些老人揮汗工作來的。大家應該要好好珍惜這些前輩才是。現在不只是10幾歲的人自殺，親手結束自己性命的老人也日益增加，我認為這是一個問題。大家都以為獨居老人會感到寂寞，結果令人出乎意料，自殺的多半是與家人同居的老人。

我去驗屍時，家屬難為情地說自殺的老人「飽受神經痛的折磨」，但是能夠熬過幾十年波濤洶湧的人生的人，絕對不會因為受神經痛所苦而結束自己的性命。老人是因為再也禁不起他信賴的家人冷漠以待而陷入絕境。

有一位挪威學者曾經說過：「在我的國家，也發生雷同的事情。」被稱為福利大國的國家，似乎實際情況也是與日本相同。挪威有一句諺語：「母親把12個孩子照顧得無微不至，但是這12個孩子卻不知如何善待他們唯一的母親」。

父母對孩子的愛是無私且發自本能的愛。你們有沒有看過燕巢？在大約每年5月的春天，親鳥會四處飛翔尋找蟲子和蚯蚓來餵食巢中的燕子寶寶們。只要親鳥回巢，寶寶們就齊聲嘰嘰喳喳地叫，張開嘴巴大口吃下食物。雛鳥就是這樣長大，最後離巢而去。

縱使父母自己吃不到，也會給孩子吃。孩子一定要好好記住父母的那番心意。

老人們所留下的「遺書」，很了不起。雖然對自家人有所抱怨或是不滿，卻隻字不提。某位老人只在遺書上禮貌客氣地寫下「承蒙各位的照顧了」。我只要一想到這句話的背後，究竟還隱藏了什麼含意，就悲慟不已。

他們是經歷過戰爭，為了戰後的日本每天揮汗辛勞工作的人們。正因為有他們努力賣命工作，才有今天的日本，請讓他們好好休息，輕鬆一點。

日本今後應該會繼續邁向長壽大國。我希望人是在上了年紀之後，過得更加幸福。沒有什麼比臉上佈滿皺紋的爺爺奶奶，張開沒有牙齒的嘴巴所綻放的笑容還要令人感到溫柔平和的。要創造出這樣的社會，該怎麼做才好呢？又有什麼是不可或缺的呢？對你們而言，年華老逝這件事離你們還相當遙遠吧。但是人確實會老去。生命的輪迴也是同等的道理，在不久後的將來，你們也會變老。

有一天，父母也會撒手離世

我的父母在孩子還小的時候，就開始讓他們幫忙做家事。現在我仍對約5歲左右的事情記憶猶新。我們住在茨城縣岩瀨町（現・櫻川市）的鄉下時，母親託我「去買納豆回來」。母親會煮黃豆親手製作納豆，不夠的份量就會在店家購買。

我們的家是位在田中央的一個獨棟房屋，春天種植的秧苗隨風搖曳。秋天就會結滿金黃色的稻穗。在這樣的景色當中走到約1公里遠的雜貨店，整個路程我小心翼翼地將硬幣緊握在手裡不讓它掉出來。我要買用稻草包裹發酵製作的納豆，然後付錢給店裡的阿姨。在回家路上，我突然有一個想法。要得手一個東西，為什麼需要用到金錢？金錢又是什麼東西呢？

回到家問了母親，她告訴我：「你穿的衣服和木履通通都需要錢喔。」父親也告訴我：「古時候並沒有錢這種東西，都是以物易物生活喔。之後就演變成使用大石頭，但是由於石頭形狀太大，重得不得了，之後形狀逐漸變小，就形成了硬幣。」當時還是孩子的我，明白了錢這個東西的意義。透過親身經驗認知，就是教育的原點。

自從搬到北海道之後，我們家所有的孩子也還是會幫忙做家事。醫師父親治療病患，媽媽一邊養育我們，一邊在小塊的田地耕作。每個孩子各有自己分配的工作。姊姊、哥哥和我會上山，把採集到的大批枯枝和枯葉背回來。堆放在圍爐旁後，母親就會把鍋子掛到自天花板垂降下來的吊鉤上煮飯和味噌湯。在燒洗澡水的時候，會先用枯葉點火，再加入木柴。現代的洗澡水是用電或瓦斯來燒熱的，但是不知為何我總覺得以前用木柴燒的熱水泡起來身體比較暖呼呼。

如果我說「今天想和朋友玩」，就會讓我玩。但是自己的工作就會由哥哥或妹妹代替我做。因此，想玩的那天，我就會提早去山上，這是基於我在家中有自己的責任。雖然我是個小學生，但想到自己負責燃料的工作對家人而言佔有舉足輕重的地位，就感到驕傲。

會讓我想起責任這個詞的是我父親的哥哥，也就是我的伯父的故事。在我伯父還小的時候，有一天傍晚受母親之託「去幫我買砂糖」後，就出門了。在明治初期＊的時候，砂糖是價格高昂的貴重物品。因為是鄉下城鎮，店家都很遙遠。天色已變昏暗，伯父卻還沒回來，最後終於來到夜晚。整座村莊騷動了起來，大家在伸手不見五指的黑夜中四處尋找伯父的下落。

就在一陣騷亂當中，伯父突然回來了。據說當時已經超過晚上10點。伯父把背上用包巾包起來的砂糖放下來說道：「我買回來了。」由於原本要去的店家砂糖已經賣完了，所以他去了3公里遠的小鎮買。他以小孩的步伐，來回走了足足有6公里之遠的夜路，履行了自己的責任。伯父家也就是我父親家，雖然是貧窮的農家，但是這位伯父發憤圖強念書，而且當時已經是農家子弟只要讀書就能有所成就的時

＊明治元年爲西元1868年。

代了，最後他成為一名法官。

就像這樣，我也是從小時候就開始幫忙做家事長大的，真心認為這是一件很棒的事。如此一來，小孩子就會學習到責任感和培養善解人意的心。打掃廁所、摺疊洗好的衣服、倒垃圾、幫忙買東西諸如此類，你們能做的差事應該有很多吧。現在許多母親都有在工作，應該能在這些層面上幫忙到她們。當中也有母親或父親正在照顧生病的爺爺或奶奶，忙得不可開交的家庭吧。

我曾經歷過戰爭，當時正值空襲時期，不是生就是死。光是為了活下去，就已卯足全力。即便失去了手足，也必須自力更生活下去。然而就算不是在戰爭的年代，父母也並不會永久活下去。家庭的形貌，會隨著時間的推移逐漸產生變化。有人會離家、會生病、會結婚、會死亡……，我希望你們明白一件事，那就是基本上，人是必須獨自一人生活的。因此，我們必須精進能夠獨自生活下去的能力。這個能力，將會對社會人士有所助益。況且，正因為家人的形貌會改變，必須互相體恤，即使身在遠方，也要扶持並好好珍惜彼此。

無論是晴天、雨天、下雪的日子，每天都風雨無阻在東京澀谷車站等候中年男性飼主回家的「忠犬小八」的故事，能長年為人所津津樂道的原因，想必是因為這個故事的情感引起了大家的共鳴吧。

在家飼養狗、貓或小鳥等小生物，也是培養同理心的一個方法。透過悉心照料寵物的飲食以及帶出門散步等等行為，就能與不會開口說話的動物心靈相通，也會對這個越來越親人的模樣，心生憐惜生命的心情，並且成為家庭的一份子。如果不能在公寓大樓等地方飼養貓狗，像金魚一樣的小魚也可以。

就連在我家，也在小孩年幼的時候飼養過金魚。有一天，有一條金魚浮在水面上喘氣。由於女兒跟我說：「爸爸，金魚的樣子怪怪的」，所以我用針筒在金魚背部打了一針強心劑。金魚因此恢復生氣，女兒很高興「金魚的病治好了」。之後，那條金魚因為年紀大死掉的時候，女兒望著金魚的屍骸啜泣。這樣的經驗，也是難能可貴的。有時候，我會在相同的水族箱內放入幾條在廟會買回來的鱂魚，卻被身形較大的金魚給吃掉了。這種事也讓女兒吃驚難過。事實上，我也是直到這時候才知道金魚會吃掉小魚。我認為自己做了不好的事，也讓我學到自然界就是那麼一回事。

無論如何，只要開始飼養，就要把牠視為家庭的一份子，負起照顧終生的責任。寵物的壽命比人類來得短，我希望你們多為牠們著想。

我們為什麼要去上學？

我們為什麼要去上學？被這麼一問的時候，你們究竟會怎麼回答？恐怕大多數人的答案是想進入一所好大學，將來想過輕鬆的生活。想進入一所好大學就讀，是因為利於求職，也就是以為能夠取得一張人生快車票吧。然而事實究竟是如何呢？我不認為進入一所好大學，就等於買到快車票。

學習學問的目的，不在考試中獲取高分，而是可以在獲得專門知識的同時，塑造人類性格，磨練自我。認為只要取得快車票就好的想法，應該是不明白人生的箇中深奧。

你在課堂上要讀某位學者的書。並不是要你就這樣讀過去，而是要學習那位學者的想法，是從學問當中接收他的生存之道與哲學。只是因為這是一個很棒的理論而去追求知識，並不能稱作學問。我們要學習的，是人要思考如何活下去，藉此培養塑造人類性格，才是在學校學習的初衷。與同學們充分討論，也很重要。我在念大學的時候，經常與同學們相聚在破舊不堪的宿舍裡，一起談論所有與學問、未來、國家有關的事。有時還會因為講得太過激動，差點就打了起來。在那樣的情況下，塑造出我的人類性格，成了我人生的糧食。還有不只是在學校，只是和周遭形形色色的大人說話，也可以學習到很多事情。

認為自己已經取得快車票的人，恐怕大多數都認為自己頭腦聰明而覺得了不起。然而，所謂真正出色的人，是指身為一個人，能顧及到各式各樣的人的境遇和心情來行動的人。

我在積丹生活的日子裡，有一位來我家工作約3年左右的幫傭阿姨。現在想起來，大概是因為母親不僅要照顧4個孩子，還要幫忙父親的工作忙不過來的緣故吧。她是一個勤奮工作又有人情味的阿姨。那時候，父親告訴我們：「她並不是為了你們才來幫忙的喔！要視為我們的家人，把她當作姊姊喔！」

這句話讓我到現在還記憶猶新，甚至成為我精神的一部分。

有一位人物叫做松下幸之助（1894～1989年）。這個社會存在著不計其數的公司，還有經營這些公司的人們。長久以來一直被尊為師的人，就是這位松下幸之助。他白手起家創立「松下電器（現為Panasonic）」，是建立起一個時代，從基層磨練出來的經營者。在這個急遽變化的時代，為什麼他所遺留的著作至今仍為後人閱讀，語錄也被流傳下來呢？原因還是在他流傳的「人生哲學」。

不用說，公司當然必須獲利才行。可是只追求自己公司獲利的公司，遲早會走向滅亡。因為公司沒有為社會付出貢獻，沒有像精神脊柱一樣對人類有所助益的最重要的東西。

松下幸之助出生在一個貧窮的家庭，學歷只有小學肄業，又體弱多病。但是他卻靠自己發憤向學，磨練己心，發揮想像力，一心一意想要製作出對人類有助益的產品，用電子產品豐富了全日本人民的生活。他的生活方式相當出色。他曾說過，正因為自己沒有得天獨厚的環境，才能度過美好的人生。

「稻穗越豐實，頭便垂得越低。」

用這句格言來形容他，再貼切不過了。能在這種人底下工作的人很幸福。他並不會因為自己是公司老闆而鄙視員工或擺架子，而是同等待之，這才是領導者具有的風範。發生什麼問題的時候，告訴員工：「沒關係，責任在我身上，別擔心！」是領導者會說的話。日後我當上監察醫務院院長時，一直把這件事銘記在心。

另一方面，就算擁有高學歷，找到俗稱的高薪工作，如果沒有良好的人性，就稱不上優秀出色。在我們周遭的人，可是觀察入微的。就算不會念書，製作出色東西的人比比皆是。成為良善的人，比就讀好學校來得重要。

至今我讀過好幾本松下幸之助的書，我在第2章提到《給學生》這本書，也是影響我甚遠。我想原因在它已經成為我的生活指南，而且我是在正值敏感的青春期閱讀的。人生當中，特別是14、15歲是相當重要的時期，因為這是一個能夠感覺、思考各種事物，並且大幅吸收的時期。

你們也要盡可能地閱讀可以幫助自己深入思考的書籍。廣為人所閱讀的國內外文學名著裡，有要傳達給世人的東西，讀了會讓人感動。無論是歷史類別或偉人傳記都好。讓人感到不可思議的是，閱讀時就算覺得艱澀難懂，等到你活得老一點的時候，自然就會對很多事情恍然大悟。或許這就意味著人會不斷地成長。如果你能遇到良書，就會變成你一輩子的東西。

第5章

獻給活出未來年輕的你們

死就是生

我身為法醫，一路走來已經看遍了無數的死亡。或許是因為這樣的關係，很多人都以為我對死是不是有什麼特別的想法，因此經常被採訪的人詢問：「對人來說，死亡究竟是怎麼一回事呢？」我都回答：「死亡沒什麼大不了的。」然後，對方都會投以訝異的表情，可能是因為他們期待的是更有哲學性的答案吧。然而，因為工作性質使然，我並沒有擁有特別的生死觀。

在我還是現役法醫的時候，驗屍現場一個接一個地接踵而來。比如說有一個年幼的孩子過世了，他的母親束手無策哭得死去活來。這時的我不得不壓抑住湧上心頭的情緒，因為如果我陷入悲傷，就會無法前往下一個驗屍現場。收拾好一個又一個死，再到別的地方。解剖的工作，也一樣。不過，後來卻發生了一個顛覆我的生死觀的事，那就是養了15年的馬爾濟斯離開我們的時候。由於牠生前經常喜歡奔跑個不停，因此把牠取名叫「巧魯」。自從我的兒子和女兒長大獨立之後，巧魯對我們夫妻而言，就如同自己的孩子一樣。巧魯不但聽得懂我們所說的話，我們也能夠立即明白牠的需求。只要有開心的事，牠就會拼命地猛搖尾巴。

看到巧魯死掉就像是一隻白色布偶橫躺在地的時候，我的內心竟出乎意料地湧現出一股情感，脫口說出：「以後你孤零零的可能會比較辛苦，我的父母人很好，所以如果你到那個世界去的話，要去找他們。」

那個世界。我對自己不經意從嘴裡溜出的話感到驚訝。我感覺到死亡並不是沒什麼大不了的，那個世界是存在的。

當然，那個世界還沒被科學證明是否存在，我們無法得知真相。只不過，這件事是我第一次產生那個世界是存在的，而且往生者可能都會回歸到那裡的想法。

之後，和我結婚46年的太太在72歲的時候過世了。我是在我30歲、太太24歲的時候遇見她的。當時，在高中擔任生物老師的太太，為了想要了解血型實驗，因而前來拜訪我在做研究的大學法醫學教室。以當時的年代而言，她算是一個個子高的女性。在遇到我太太之前，年輕女性的存在對在充滿男性的職場工作的我而言，相當地耀眼奪目。在碰過幾次面後，我感覺她是一位個性開朗、聰慧，對工作也富有責任感的女性，於是漸漸地喜歡上她。當時我的薪水約3萬日圓左右，日子過得有點辛苦。約再過了2年，這份良緣促使我們結為夫妻。婚後，育有2個孩子。

我太太並沒有對我的工作說什麼，但是只要我為了在家裡的桌子上寫論文而攤開事件被害者們的照片，她就會迅速地離開。桌上有血淋淋的解剖照片，這是合情合理的。

有時候就算是解剖，卻因為無法查出死因而絞盡腦汁等時候，會把我的精神壓力逼到臨界點，就算回到家也常悶不吭聲。我太太什麼都沒說讓我靜靜地一個人待著，真的很感激她。她默默泡給我喝的一杯綠茶，讓我很開心。

在我女兒升上高中、兒子升上國中的時候，在這之前一直都在家裡當家庭主婦的太太，出乎意料地來找我商量她想當區議會議員一事。她原本就是一個樂於助人的人，因此一直擔任家長教師聯誼會的幹部，或許她一直都在想著那類的事情也說不定。

然而，孩子們卻反對此事。理由是「與其為了別人，更希望媽媽能照顧我們。」

我告訴兩個孩子：「你們已經是不用母親悉心照料都能好好過活的年紀了。自己的事情應該自己就能做好吧？媽媽從以前就一直想著哪天能做這樣的工作。這次支持媽媽，不就是你們該扮演的角色嗎？」孩子們聽著我的話，雖然不高興且面有難色，幾天後還是過來說：「知道了。」

我太太看起來很開心。之後她參加選舉當選了區議員，直到過世前總共做了16年。她總是騎著腳踏車，精力充沛地四處奔走。由於她是個想為人奉獻的人，做了不少事，她還與某位女醫師在區內攜手創設了一個以精神障礙者為對象，名為「AGAIN」的作業所。這是一個提供白天寄託障礙者的地方，希望家屬能喘口氣的心情開始的。

有一次，向來很有精神的太太罕見地說：「把買回來的東西提到二樓實在是太辛苦了，你來幫我一下。」

「最近我總覺得人不太舒服呢。」

這是太太第一次那麼說，我只以為是因為年紀大了，導致體力衰退。不過在那次之後，我太太時常說自己不舒服，所以我建議她「最好去給醫生看一下比較好。」雖然去了附近的醫院做檢查，卻未發現任何異樣。

「我想大概真的是上了年紀的關係吧！」我太太笑道。只不過無論怎樣，她的身體狀況實在很糟糕，所以我要她去大醫院做更詳細的檢查。我陪太太去醫院，一位年近50歲，外表嚴肅的醫生在X光片前說：「我可以告訴您們結果嗎？」

「嗯，我自己也是醫生，就請您老實說吧。」我這麼回答。於是，醫生宣布「夫人罹患胃癌末期，已經擴散到全身了。」霎那間，我啞口無言，腦袋一片空白，診間裡瀰漫著一股沉重的空氣。於是乎，我太太淡淡地詢問醫生：「我還可以活多久呢？」

「由於不覺得痛，所以總有一種很奇怪的感覺。」

醫生靜靜地向我們說明：「雖然有點難以啟齒，但是夫人所剩的日子不多了。」簡直難以置信，我不禁在心中大喊：「你這個混帳庸醫！」為什麼我是醫生，卻沒有注意到？真是讓我後悔莫及……。我太太馬上住院，我減少工作量，每天睡在醫院的陪病床過夜。我能做的只是盡己所能陪伴太太。那段時間，我在太太身邊撰寫文章，以及從病房出發到演講的地點。

這家醫院位在台場，從窗戶放眼望去，可以清楚看見蔚藍的東京灣。在摩天輪和對岸，看得到東京鐵塔。只要望著如畫般的美景，就覺得太太即將面對死亡的現實，如同一場謊言。時間彷彿靜止不動。我甚至覺得太太或許能夠就這樣出院了。

經過一個月後，太太不經意地對正在病房寫東西的我說了一句話。「今後無法照顧你，是我心中的遺憾啊。」她沒有食慾，或許已經感覺到自己時日不多了。

「妳不用擔心我的事，只要顧慮自己的事情就好。」我摩擦著雙手掌心說道。於是，太太用彷彿像是在擔心年幼孩子們的口吻說：「孩子們就拜託你照顧了喔。」我不斷地在內心對著已經病到這種地步，卻仍擔心著孩子的這份母愛重複說著「沒事的」這句話。我的父母也是在自己身體狀況很差的時候，擔心著同樣的事。

約過了10天左右，太太就與世長辭了。從發現罹病開始，僅僅40多天的時間。舉辦喪禮的前後，我因為無法靜下心來，完全沒有多餘的時間為太太的死感到悲傷。有經歷過親人過世的人，一定都明白那種手忙腳亂的感覺吧。

約莫一個禮拜左右，總算恢復一點平靜了。我獨自坐在鴉雀無聲的客廳裡的椅子上啜飲著茶的時候，不禁悲從中來，潸然淚下。太太精神充沛的模樣已不復在。想到我真的變成孤零零的一個人，讓我第一次哭了起來。我的父母相繼過世時，雖然也讓我感到寂寞難過，但是太太的離世，更是令我難受不已。

太太過世之後的每個早晨，我都會更換佛壇的水，雙手合十。

我會向太太報告，「今天我要去演講喔。」由於我從巧魯的死感受到那個世界的存在，所以我認為太太也是到了那個世界，感覺好像彼此心靈相通一樣。對我而言，心靈若能相通，或許我的心中就是那個世界也說不定。正因如此，我太太並沒有死，她活在我的心中。

拖著腮幫子啜飲咖啡的春天感冒

這是由我那喜歡俳句的太太創作，也是我最喜愛的俳句。這個俳句讓我回憶起太太感冒，穿著睡衣在廚房啜飲著咖啡喘口氣的身影。

我太太創設的「AGAIN」，現今的規模正在擴大。她過世後，我就辭掉了營運委員長一職。有時候只要我一露面，就會有人高興地認出「啊，是有上電視的人！」因此，我能夠享受有趣的談話。能夠在我太太遺留抱負的地方與利用設施的人們和他們的家屬進行交流，向來是我的樂趣之一。

我太太死後約7年左右，我的大女兒因病過世。她生前是多麼地精力充沛，卻讓白髮人送黑髮人。她還那麼年輕，真是令人惋惜。我的長子則是當上了牙醫，所幸身體健康，每天忙碌地替病患看病。痛失兩名至親的我，到現在回想起來依舊感到孤單寂寞，對她們悼念不已。

在我們家位於東京近郊的墓地，巧魯也共眠於此。墓碑上並未刻有上野家三個字，反倒是刻了「生」這個字。當讀者要求我簽名時，我都會寫下「生」，這是因為一直以來，我從死看生的緣故。人一旦死了，肉體就會消逝，但是往生者依舊繼續活在關係親密的人的心中。所以我遵照與太太生前的談話，在墓碑上寫下「生」。我的太太、女兒、巧魯，都還活著。我會在此寫出親人之死，就是希望你們能夠重新思考生命是有限的。

自我的定義

我所從事的，是一份讓我反覆思考生與死的工作。現今，醫學正以相當快的速度進步。技術的進步也隨之躍進，終於來到機器人動手術的時代。是否正因為如此，我被問及「人類是否能創造出人類？」的次數也增加了。

然而，我的答案是「NO」。iPS細胞（誘導性多能幹細胞）的出現，理論上是可行的，甚至連心臟都製造得出來。但是由於無法製造神經，所以要創造出人類是不可能的。如果舉內臟移植為例來說，腦部的移植辦不到的原因在腦神經細胞一旦死亡，就無法復原。無論醫學再怎麼進步，也無法製造出神經細胞。

況且，人類無法親手製造出生命的起源——卵子和精子。在卵子和精子裡面有染色體，染色體裡面有基因。人類的技術，無法在那個超細微的世界當中編入基因。生命的誕生，相當複雜精密，更何況每個人都是獨一無二的個體。假設有76億人，所有76億人全都不一樣。

我們不得不說，這是一個奇蹟。可能有人覺得自己百無一用，不是了不起的人，這根本就是荒唐的想法，自己應該明白自己的生命是有多麼地寶貴才是。無論如何，我們都是地球上的人類，僅此一人的存在。

我曾經詢問過醫學系的學生有關人體內臟的排列問題。如果有人叫他們把體內的諸多內臟依照自己喜歡的順序排列，會怎麼排列呢？於是有些人幽默地說要把腸子放到頭上，或是把嘴巴連接到腳尖等等，根本就是科幻電影的情節。搞不好宇宙真的存在著那樣的生命體也說不定呢。

真正的人體構造，極為巧妙。人的腦部，是由頭蓋骨保護著。心臟與肺部，則是受肋骨保護。但是有胃和腸子的腹部，雖然有脊椎，前面卻沒有包覆腹部的骨頭。

為什麼呢？這樣的身體構造，是為了能讓身體彎曲。如果整個腹部全部都被骨頭包覆起來，人體就會像螃蟹殼一樣堅硬，行動起來就像是個機器人一樣。

究竟是誰想出這種事呢？我認為，這裡是神的領域。我自己本身並無宗教信仰，認為神是一個整體的概念，眼看人體構造，可說是相當地神秘。那樣奇妙的身體，被賦予給每一個人。而且，像這樣被賦予的生命也不會是永恆。

人既然出生，就一定會有死亡的時候到來。無論是什麼樣的人，生命都很有限。所謂的有限，究竟意味著什麼呢？我身處在送走各種不同年齡的人的立場，即使能夠平安無事地度過一生，人的壽命最長不過約百年。從10幾歲的你們看來，應該感到相當久吧。太多空閒的時間，恐怕還會覺得索然無味。

然而，對活到現在這麼久的我而言，覺得人生過得比自己想的快得多，真的是時光飛逝。正因為如此，我才希望你們找出如何在這短短的數十年活下去的意義。

法國哲學家笛卡兒曾經以德語說出：「我思故我在。」這句全球著名的話。自己為什麼會在這裡？這句話意指人要透過思考這類的事，來證明自己的存在。首先，我認為了解自己，乃當務之急。了解自己的人，就會越覺得自己與他人並無不同之處。了解自己，也能知悉他人的人格。你明白自己的重要性，應該也會明白其他人同樣也認為他們自己是個重要的存在。你知道別人與你完全沒有兩樣。

自己會想吃美味的食物。會想好好裝扮自己。會想去遙遠的國度看一看。心中想著心儀的對象，不知道為什麼覺得有點難過。感受冷、熱和寂寞。別人也是一樣的。

你對自己懷有期望。別人也同樣地懷有自己的期望。你朝向自己的期望生活著，別人也是朝向他們自己的期望生活著。如果能夠理解這點，就無法殺人，無法終結努力過活的人的性命。每個人如果能夠明白大家都是同等的心情，應該就能夠彼此尊重，建立良好的人際關係。同理，你們要了解並愛惜自己，也要了解並愛惜別人。大家視彼此為同等重要的心齊聚在一起，共同創造社會。

只要一開始想到自己，就不難察覺因為有恩於父母，自己才得以每天健健康康、有飯可吃、可以去上學還能玩耍。當然也有出生單親家庭的人。像這樣能夠為各式各樣的人著想。正值青春期的你們，可能會對父母感到厭煩，也會很想頂撞他們吧。有那樣的想法也不打緊，只不過在你們的內心深處，還是很喜歡父母吧。

而且這個世界上有無數的人包圍著自己，乍看之下好像是不相干的人，結果卻發現其實大家都在一個大圈子裡有著緊密相連的關係。比方說你掉了東西而感到不知所措，所幸的是到了派出所後，發現東西已經被送過來了。光是這樣，就有撿到你的東西的陌生人，以及幫你收下遺失物品的警察兩個人。

人與人，要帶著一顆熱切、溫柔的心互助合作，這就是與這個世界的關連性。儘管我們感覺像是獨自一人活著，但是人無法獨自存活，而是與大家群體生活的。然後我們接受別人的某些幫助心存感激的心情，可以在下次的某個地方回饋給別人。就像這樣，人與人聚在一起，創造出社會。

只要好好環顧四周，不管是你們每天使用的一枝筆，或是一本筆記本也好，都有在工廠製作這些東西的人。有切割木頭作為材料的人，以及用卡車把木頭從山上運送出來的人，也有販售這些東西的店員。即使是早餐吃的米飯和麵包、營養午餐供應的牛奶，只要一直順勢走下去，就會抵達某處牧場。因為有在大自然中努力飼養牛隻、擠出美味牛奶的人們，我們才喝得到。

我們並不直接認識那些人們，因此他們看起來就像不相干的旁人，但事實上人們是這麼做而在某處環環相扣在一起的。看似事不關己，但是所有事物緊密相連，讓社會轉動起來。

雖然我不清楚這世界上到底有多少工作，然而無論什麼樣的工作都有其存在價值，都能幫助到別人，所以沒有所謂沒必要的工作和沒必要的人。大家都是同心協力生存的，一旦這麼想，工作居然就變得讓人開心且心生感激。

如果這個世界不再需要法醫就好了

你們對自我的定義是什麼呢？對我而言，是自己下定決心從事法醫這份工作，自始至終貫徹這一條道路。我從未曾有過想把工作辭掉的念頭，現在雖然已經功成身退，但我仍自負自己一路走來，傾聽了死者的真相之聲。

總而言之，我相當投入這份工作，覺得是賦予自己的使命感。每次面對死者，就會學習和研究相關症狀，讓我體悟人體與生命。法醫這份工作對我自己本身來說，就是活著的證明。

唯有全力以赴、心無旁鶩地專注於工作，才能有所成就。這是我從長年日積月累的經驗中領悟到的。有時會失誤，也有被警察催促答案而感到垂頭喪氣的時候，我都沒有放棄。我只顧一心一意地走在自己的道路上。工作真正的樂趣和意義，需要經過一段歲月，才能品嚐到箇中滋味。

我已經退休幾十年了。法醫們依舊一如往常，為了工作勞碌地東奔西走。他們承辦責任重大的工作，讓我感到很放心。只不過另一方面，我在想，如果這個世界不再需要法醫的話，該有多好。這就代表因為犯罪或悲傷痛苦的理由而死亡的人消失不見。如果真的變成那樣的世界，沒有什麼比這個更令人高興的事了。

說到心無旁騖，至今我都還會想起兩位刑警的臉。這是一起發生在昭和年代，電視和週刊誌大肆報導的殺人事件。為了找出被害人而急躁不安的調查總部，在箱根的山林中四處搜索。不過，時間就在屍體遍尋不著的情況下，迎來冬季。氣溫凍到山結冰，鏟子之類的工具無論如何也挖不起土來。某一天，這兩位刑警前來找我商量。「您有沒有什麼好方法呢？」

兩位外表一看就是老實人，他們用認真的眼神懇求我。這時候我建議他們使用一種叫做檢土杖的工具。這是一根長管狀很堅硬的棒子，可插到土壤深達快2公尺的地方，取得卡在檢土杖前端金屬製的圓筒的泥土。因此，我認為有可能會碰到異物。之後，兩位刑警就在颳著呼嘯寒風的山中，默默地把檢土杖插入泥土裡面。其他的刑警們則是為了別起事件而忙得不可開交。過了不久，兩位刑警總算把埋在土裡的被害人給找出來了，報紙也加以大肆報導。

過了一陣子，再次拜訪我的兩位刑警，頂著一張雖然是冬天卻曬得黝黑的臉說道：「多虧了醫生您的幫忙！」向我深深鞠躬行禮。我到現在仍然無法忘懷當時他們豁然開朗的表情，覺得他們真是好漢子。他們倆人厚實的雙手上，佈滿了繭。

長年下來，我一直在護校講授解剖學。因為我強烈地想要傳授醫療的涵義，也覺得能與不同世代的人們進行交流分外有趣。反倒是我也從中獲益良多。

在某年的4月，日本新學期開始的月份，我以剛入學的18歲學生為對象，進行了一項問卷調查。「假設你們擁有無限的可能性，你們還是會選擇護理師這條道路，還是會另選別條道路呢？」

我發給學生們問卷用紙，交回來的問卷中有一半選擇護理師，剩下的一半回答當空中小姐，也就是現在的空服員，還有其他演藝相關、記者、粉領族等答案，也有人回答希望能就讀2年制的短期大學或一般大學。

或許現在還是一樣的情況，空中小姐是當時的年輕女性充滿憧憬的職業。雖然伴隨著飛行的危險，但是能夠發揮外語能力，穿著美麗的制服周遊各國，領到優渥的薪水。合情合理。演藝相關等工作，也讓人感到光鮮亮麗吧。

反觀護理師這個職業，在接受為期3年的專門教育之後，還必須通過國家考試。由於是攸關人命的工作，無論在人類或學問方面，都得學得扎扎實實。這意味著護理師，是一個充滿智慧的工作。然而，這份工作需要值夜班，現在的待遇還是不理想。工作的辛苦，不被眾人理解。有朝一日，被正確理解和評價的日子必將到來，你們的目標工作是很神聖的，我把自己的看法告訴這群學生。

之後又過了半年，來到解剖學課程的最後一天。我又試著再做一次一樣的問卷調查。沒想到結果竟然出乎我的意料，全體學生對於自己選擇護理師這條路並不後悔。這半年的課程，當然不只我的解剖學這門課，還包括了通識教育和專門課程。每個科目的老師，大概都各自說服了學生走護理師這條路吧。

在我這堂課，我告訴學生不要只把時間花在獲得專門知識上，讀書以外的時間也要盡量過得有意義。比如去看電影，去美術館，去看演唱會，外出旅行，和三五好友去吃飯等等，告訴他們增廣見聞，開拓視野的必要性。這些都是我自己沿途探索出來的經驗。

即使是以優秀的考試成績畢業，在接待病患時，都需具備善解人意的豐富人性面與關懷。無論是誰生病了，內心都會充滿不安感到痛苦。護理師的心，必須貼近有這類想法的人才行。更不用說，有時候還會面臨生死攸關的現場。

送走畢業生的日子，總是讓我特別感慨。我可以感受到大家身為醫療工作者的爽快心情與驕傲。我在心中為每個人鼓掌喝采。

盡情滿懷夢想吧

在昭和63年（1988年），某家報社的記者前來採訪我，他說的話讓我很開心，到現在我仍保留著當時的那篇報導。雖然報紙已經泛黃，在照片裡頭，我身旁還有當時還很有活力的太太和巧魯的身影。我記得沒錯的話，這是一則與面對死者的工作有關的採訪。

那位記者說：「沒有任何人比醫生您更重視捍衛死者的人權。如果您到了那個世界，應該會有受過您照顧的2萬名死者捧著花束迎接您吧！」

當時我還認為死亡沒什麼大不了的，現在我年事已高再重新回頭看一次，說不定還真有那麼一回事。

所以對現在的我來說，死亡並不是難過也不是悲傷的事。去年，我已經活超過我哥哥當時去世的歲數了。現在我希望能在臨終前竭盡所能幫助他人，然後帶著總有一天會再與那些人重逢的期待離開人世。

人打從呱呱墜地，沒多久就會離開這個世界。無論什麼樣的人都沒有分別。我希望你們能夠思考當中有何涵義。這是我活了近90年的親身體驗。

我小時候還在北海道的時候，時常走到家門外眺望滿天繁星的夜空。我凝視著浩瀚無垠閃閃發光的寬闊天空的同時，想著自己竟是如此渺小。而且我也經常思索人為什麼會出生，又會到哪裡去。我越想，越是百思不得其解。

我也經常到海邊，那裡有一片廣闊的天空和海。我凝視著海平線的同時，經常思索的還是一樣的事。人只要看到廣大的東西，就會不自覺思考起「永恆」之類的事吧。

想起來，我經歷了許多豐富的體驗。小時候，我在快要被吹走的暴風雪中，對戴著手套的手吹氣趕到學校去；母親為我親手做的醃梅煮土魠魚便當；幫忙漁家朋友，在海邊徒手抓到活蹦亂跳的魚的時候的喜悅；春天的蓮藕田之美，看得讓我癡醉入迷；與朋友一同探險過的山和谷。還有用小刀削著鉛筆芯，用功念書到深夜，以及深夜時從窗戶目送夜診外出的父親的背影……。

我來東京之後也遭逢了戰爭。被空襲警報逼走的恐怖經驗，促使我思考活著的意義。人唯有歷經死亡近在咫尺，才會切身體會到活著這件事。我了解到自己能夠自然呼吸，是多麼值得感恩的事。同時我也明白在每天都沒有戰爭的和平日子裡，能夠健健康康，慢慢吃飯，實在是難能可貴。

然後我成為法醫後，面對了無數人的死亡，使我更加了解到生命的重要性。來到我身邊的死者，都是在人生半途中遭逢了致死變故的人。這些人原本明明還能活下去的，發生了這種事令人深感遺憾。一路以來，我總是一面悼念，一面滿懷真心誠意送走他們，同時也讓我滿懷感謝地接受自己所剩的日子。這是我自己應盡的職責工作，所以我想做得更多。在我有生之年，都要好好地活下去。

10幾歲的你們，接下來才正要開始。你們想做什麼呢？想要如何活出父母賦予你的生命呢？這是能夠創造今後未來的你們的使命。況且你們還是一張白紙的狀態，可以寫下滿滿的希望與夢想。我希望你們懷抱的夢想越多越好。相信一定會有許多滿心期待的事等著你們。如果有一件喜歡的事情，勇往直前放手去做就好。有喜歡做的事情，本身就已經是人生的強項了。一定會有意想不到的世界敞開。

你們可能會被周遭眾人反對，但是如果這樣就感到氣餒，說不定會永遠後悔。我希望你們能窺視自己的內心，跟著自己最真實的感覺。選擇喜歡走的道路，人生才會變得富有趣味又有意義。

你們也會有不清楚自己想做的事情是什麼而感到迷惘的時候。不過那都沒關係，都一定有其意義存在。沒辦法努力的時候，就不用努力。就算有煩惱、痛苦、哭泣，甚至是偏離軌道的時期也沒關係。全身沾滿泥巴也好。那一瞬間將會使你們強大，必定會成為你們生存下去的助力。當你們遇到一個人都無法解決問題的時候，我也期盼你們擁有「請你救救我」的坦白的勇氣。只要敢求救，世界上有很多心地溫柔善良的人願意拯救、幫助你們。

努力不懈的人，無形之中大家都會想去幫助他。儘管其貌不揚，盡心竭力的人就是會讓人感動。

人是活到老學到老的。你的人生有別於任何其他人的人生。雖然會遇到難關，但同時也有不計其數讓人感到開心喜悅的事，這就是人生。只要活著，就會有打從心底覺得很幸福的事接踵而至。

自由自在、無拘無束、盡情地活下去吧！

我把這句話獻給10幾歲的你們。

結語

我以這份工作為榮。

我在面對人的生死的同時，在即將邁入90歲的時候為10幾歲的你們寫了本書。出於這個緣故，讓我得以藉此回顧自己一路走來的人生。實在是經歷太多事了，不知不覺中感覺好像是這陣子才發生的一樣。

我在25歲的時候當上醫生，因為專攻法醫學使我與活人無緣。我在昭和年代擔任為往生者驗屍、解剖的東京都法醫30年。期間我也與刑警一同處理了2萬具非自然死亡的死者的驗屍和解剖工作。

因為工作嚴苛，身心俱疲，我在平成元年（1989年）剛好滿60歲的機會提前退休休息。

由於當時初次見面的人會問我是哪科醫生，每當我回答法醫的時候，又會反問我什麼是法醫，當我回以我專攻的是法醫學的時候，又會被問是看方位的醫生嗎？這樣下去也是莫可奈何，所以我就統整了自身的工作體驗案例兼做自我介紹，懷著忐忑不安的心情命名出版了《聽聽屍體怎麼說》一書。

不知是因為很罕見還是很有趣的關係，讀者反應熱烈超出預期，託大家的福，這本書成為暢銷書，不久之後還被拍成電視劇，茶餘飯後都可以聽聞與法醫學和法醫相關的字眼，手法大獲成功，影響至今。

大概是因為這樣，只要有事件發生，就會有人來找我在電視發表評論，委託我演講和執筆寫作的工作也增加，就連喘息的時間都沒有了。

60歲以後我進入寫作的道路，到今年已邁入30年了，我的第2人生剛好等於一個30歲的青年。

到目前為止我已經寫了50本左右的書，今年就預計出版3本，第2本就是本書，目前我正在撰寫第3本。會覺得時間短暫，可能是因為忘我地投入工作使然也說不定。

傾聽死者的聲音，挖掘真相。這份工作相當值得，我為這個社會貢獻了己力。並不是我與眾不同，而是死者教導我活下去的意義。人無法一個人獨自生活，是互相扶持共存的。

在我家的佛壇上裝飾了一張長條紙片。「時間到了，自然會解決，一切妙不可言」。

30多年前有一位70幾歲的男性來拜訪我，那是我們初次見面。「這張色紙上寫了上野光三醫生（我父親）所說的話，」他說，「我去找醫生諮商煩惱的時候，他設身處地傾聽我的話，他最後說的話救贖了我。請您供奉在佛前。」

真是一句耐人尋味的話。遭逢困難時，不要急忙解決問題，或是因為事情進展不順利就悶悶不樂。只要審慎思考應對就好。不過，這句話恐怕是不實際去親身體驗，就無法理解的話。

話說回來，我每天早晨都會感謝雙親賜給我如此活力充沛、能夠勝任工作的健康的身體，對著兩位的遺照雙手合十。

我沒有退休的一天。我想積極主動地度過餘生。

平成30年（2018年）8月吉日 上野正彥

Memo

Memo

the ONE 66

死体が教えてくれたこと

那些屍體教我的事

那些屍體教我的事：日本首席法醫的處世哲學 / 上野正彥著；
王韶瑜譯. -- 初版. -- 臺北市：八方出版, 2020.05
面； 公分. -- (the One；66)
譯自：死体が教えてくれたこと
ISBN 978-986-381-218-0(平裝)

1.法醫學 2.法醫師 3.生死觀

586.66 109005397

2020年5月22日 初版第1刷 定價340元

著者／ 上野正彥(Ueno Masahiko)
構成／ 水田靜子
譯者／ 王韶瑜
總編輯／ 賴巧淩
編輯／ 陳亭安
封面設計／王舒玗
發行所／ 八方出版股份有限公司
發行人／ 林建仲
地址／ 台北市中山區長安東路二段171號3樓3室
電話／ (02)2777-3682
傳真／ (02)2777-3672
總經銷／ 聯合發行股份有限公司
地址／ 新北市新店區寶橋路235巷6弄6號2樓
電話／ (02)2917-8022·(02)2917-8042
製版廠／ 造極彩色印刷製版股份有限公司
地址／ 新北市中和區中山路2段340巷36號
電話／ (02)2240-0333·(02)2248-3904
印刷廠／ 皇甫彩藝印刷股份有限公司
地址／ 新北市中和區中正路988巷10號
電話／ (02) 3234-5871
郵撥帳戶／八方出版股份有限公司
郵撥帳號／19809050